KiWi PAPERBACK

852

Über das Buch:

»Ich wundere mich selbst am meisten, dass ich noch lebe«, hat Silvana Klein einmal gesagt. In ihrem ersten Buch »Affenliebe« hatte sie die unglaubliche Geschichte ihrer Kindheit und Jugend aufgeschrieben – die Geschichte einer Verwahrlosung. Nun schildert sie, wie sie es geschafft hat, in einer harten Therapie von den Drogen loszukommen, die ihr Leben zu zerstören drohten. »Flashback« setzt ein, nachdem Silvana nach fünfeinhalb Wochen aus dem Gefängnis entlassen wird, und beschreibt ihren Weg durch ein Jahr der Therapie – und das schwierige Danach, denn die Entscheidung gegen die Droge muss immer wieder neu getroffen werden. Dieses Protokoll der »Therapie eines Lebens« lebt von Briefen, Traumsequenzen, Gedankenprotokollen und Erinnerungs-Flashbacks, die die Seelenqualen und den Selbstbehauptungswillen der Protagonistin bezeugen – und von ihrer Sprache, die die Dinge ohne Sentimentalität auf den Punkt bringt. »Schreiben kickt mehr als jede Droge«, sagt Silvana heute.

Stimmen zu »Affenliebe«:

»Diese ›Geschichte eines langen Entzugs‹ liest sich noch erschütternder als ›Christiane F. – Wir Kinder vom Bahnhof Zoo‹.« Der Spiegel

»Ein schockierendes, unsentimentales und anrührendes Buch, das authentisch aus einer vergessenen Welt berichtet.« Fritz

»Das Buch ist weder ein Spiegel einer gebrochenen Seele, noch will es Mitleid erregen. Vielmehr ist es eine schonungslose und unsentimentale Abrechnung mit den Dämonen ihrer Vergangenheit.« Schädelspalter

Über die Autorin:

Silvana Klein, Jahrgang 1971, lebt in Hannover. Sie arbeitet als Moderatorin bei einem niedersächsischen Radiosender.

Silvana Klein

Flashback

Therapie eines Lebens

Kiepenheuer & Witsch

1. Auflage 2005

Umschlaggestaltung: Barbara Thoben, Köln
Umschlagfoto: © photonica/Kristina Williamson und Neo Vision
Gesetzt aus der Minion und der Gill
Satz: Greiner & Reichel, Köln
Druck und Bindearbeiten: Clausen & Bosse, Leck
ISBN 3-462-03435-9

Als ich dieses Buch anfing, schien der Vollmond im Skorpion durch mein Fenster. Er treibt mich an. Heute ist die Nacht auf den 25. Mai 2002 – seit drei Tagen ist »Affenliebe« draußen. Noch fühle ich es nicht, dass die Geburt des ersten Buches vollzogen ist. Ich fühle kein Ende, keinen Triumph – die alten Gestalten schleichen um mich herum, flüstern mir Dinge zu, die sie vergessen haben zu sagen, bevor sie den Abgang machten …

1. November 1989: »Hallo, Mama, Bulle, Yvonne! Ich gehe morgen in Therapie nach Völksen. Wenn es mir zu viel wird, haue ich wieder ab und beantrage einen anderen Therapieplatz – na ja, du kennst mich ja. Ich bin heute sieben Wochen und einen Tag clean! Deinen Brief konnte ich noch nicht lesen, wegen der Kontaktsperre. Ich denke oft an euch und habe Heimweh, aber ich will und muss es erst mal versuchen. Ich liebe euch. Eure SilWAHNa.«

Nervenklinik Langenhagen

Vor genau zwei Wochen war ich hier angekommen – direkt von der Gerichtsverhandlung nach fünfeinhalb Wochen Knast. Vor der Verhandlung hatten sie mich für eine halbe Stunde in eine Zelle unter dem Gericht eingesperrt. Dort hatte Teddy F. vom Bahnhof Zoo mir noch eine letzte Nachricht hinterlassen: Er sei wegen der perversen Typen in Hannover – und er wünsche mir viel Glück. Sonderbar, ich hätte auch in einer der zig anderen Zellen landen können …

Ich saß wie auf heißen Kohlen im Gruppenraum und wartete auf den Typen, der mich abholen und in die Therapie bringen sollte. Erst seit zwei Tagen war klar, dass ich nach Völksen komme; den anderen Therapieplatz, um den ich mich im Knast beworben hatte, hatte ich im letzten Moment wieder abgesagt, weil ich so viel Negatives über diese Einrichtung gehört hatte. Das Einzige, was mich an Völksen unsicher machte, war die Tatsache, dass der Ort nur 25 Kilometer von Hannover entfernt war. Andererseits war es auch nicht allzu weit, falls ich abhauen wollte.

Der Typ kam, er hieß Dieter, trug eine Brille und hatte eine nette, offene Art. Als er den Verband um meine rechte Armbeuge sah, dachte er, ich wollte damit Einstiche verdecken. Ich hob den Verband etwas an, und er sah sich angeekelt das Dilemma an; das Loch war aber schon gut zugewachsen.

Auf der Fahrt nach Völksen schien die Sonne, und wir unterhielten uns locker. Das Therapiehaus lag, umgeben von einem Garten, an der Hauptstraße. Früher mal war es ein Bestattungsinstitut – der Schornstein des Krematoriums stand neben meinem späteren Dachlukenfenster. Ich fand das sehr passend.

Damals betrug die Therapiezeit zwölf Monate im Haus – in verschiedene Stufen, erst A, dann 1 bis 3, aufgeteilt – und sechs Monate in der Außenphase, das hieß, in einer Wohnung in Hannover, in der alle zwei Wochen ein Therapeut vorbeikam. Ich konnte mir nicht vorstellen, dass ein Exuser unter diesen Bedingungen clean bleiben würde.

Als Erstes musste ich meine Tasche abgeben, damit sie gefilzt werden konnte. Ich setzte mich ins Büro und wartete auf mein Aufnahmegespräch. Stefan, er war schon Stufe 2, kam rein und begrüßte mich – er war mein Pate. Ich sei im humansten Haus der TKN (Therapiekette Niedersachsen) gelandet, aber die anderen Häuser hatten mich ja auch abgelehnt, meinte er. Das versetzte mir einen Stich – ich dachte, als Junkie hätte man ein Recht auf Heilung. Die hatten wohl gemeint, dass es mit mir nix mehr wird, wegen meiner Familiengeschichte.

Plötzlich flog die Bürotür links neben mir auf, und ein großer Typ im schwarzen Mantel sauste an mir vorbei und durch die andere Tür wieder raus. Das sei der Therapeut Dietrich, der für die Stufe 1 zuständig sei, meinte Stefan, er sei immer etwas energischer unterwegs, aber superkorrekt. Na, dachte ich, das kann ja heiter werden.

Dann kam Anita, die Ärztin, und brachte mich ins Bad; sie hatte Badewasser eingelassen. Ich sagte ihr, dass ich heute schon geduscht hätte, aber sie erklärte mir, dass es eine Art Ritual sei, das jeder vor dem Aufnahmegespräch machen müsse – mitsamt Kopf unter Wasser! Ich protestierte – wegen meiner Haare. Ich hatte in Langenhagen lange vor dem Spiegel gestanden, bis sie auch endlich alle zerzaust waren und hoch standen – und nun sollte diese Pracht gekillt werden? Es half alles nichts; also setzte ich mich wie der letzte Dulli in die Aufnahmerunde – in der, außer Anita, nur Typen saßen! Ich fing an, ohne Punkt und Komma zu reden, und packte unverblümt über mein Leben aus. Es gab ein paar Fragen, und dann war ich von der Gruppe aufgenommen.

Die zweite weibliche Patientin im Therapiehaus sah ich dann, als sie vom Einkaufen wiederkam. Ela war klein und drahtig, hatte kurzes Haar und sah eher schlecht gelaunt aus, sie war mit ihrem Freund U2 da.

Ich fragte Stefan, ob ich meine Tasche wiederhaben könnte, doch er meinte, dass sie alles wegschmeißen müssten. Entsetzt fragte ich nach – ich wollte doch in dem Bettzeug von Mama schlafen, das sie mir in den Knast gebracht hatte! Aber er sagte, es sei so mit Brandlöchern gespickt – totaler Junkiestyle –, und das ginge hier nicht, ebenso wenig wie meine paar Oberteile, die alle mit Blutflecken in den Armbeugen übersät waren. Also alles weg.

Völksen

Zunächst war ich Stufe A. Nach vier Wochen stellte man einen Antrag für die Stufe 1, der ca. sechzig Fragen enthielt, die man vor der gesamten Gruppe beantwortete. Dann wurde entschieden, ob man eine Stufe weiterkommt.

In der Stufe A darf man kaum etwas alleine machen, gerade mal schlafen, duschen und aufs Klo gehen. Kontakte nach draußen sind tabu. Fernsehen darf man nur zusammen mit einem aus der Stufe 2. Ich erinnere mich nur, dass wir mal Nachrichten geguckt haben: Die Mauer war gerade gefallen. Ich hatte solche politischen Entwicklungen nie mitbekommen, was die DDR genau war, wusste ich nicht, und Honecker kannte ich auch nur aus dem blöden Lied von Udo Lindenberg. Falls in den Nachrichten oder in Filmen was über Drogen kam, musste der Verantwortliche sofort ausschalten. Das war manchmal erschreckender, als wenn man sich das angeguckt hätte – dann ging nämlich der Film hinter der Stirn gleich weiter …

Musik hören ging auch nur zusammen mit einem Verantwortlichen – aber nur zensierte Musik; Textzeilen, in denen »Sister Morphine«, »Kokain« oder »Heroin« vorkamen, waren natürlich auf dem Index. Als mir ein Verantwortlicher aber mal von einer Kassette der Waterboys eine Textzeile wegzensierte, indem er die Aufnahmetaste drückte, fand ich das eher lächerlich. Ich hatte vorher gar nicht darauf geachtet – nun war der Text umso präsenter. Die Zensur galt auch für die Tageszeitung und den *Stern*; Stellen, die mit Drogentoten zu tun hatten, und alles andere aus dem Bereich wurden überklebt, oder die Seite war ganz rausgerissen.

Was du denkst, was du fühlst, was du tust – all das macht deine Persönlichkeit aus. Und deshalb geht es um all das in deiner Therapie. So viel wie möglich geschieht in der Gruppe. Du lernst, dich mitzuteilen, und wirst feststellen, dass du eine Menge von den anderen zurückbekommst. Ebenso wichtig wie das Miteinanderreden ist jedoch das Miteinanderleben. Und der Spaß daran.

Nichts bleibt, wie es ist – auch nicht die Drogenszene. Oft dauert es jedoch eine Weile, bis der Rest der Welt sich darauf eingestellt hat. Deshalb kümmern wir uns besonders um die »Neuen«. Also: Ob Heroin oder Extasy, ob aus Deutschland oder irgendeinem anderen Land, ob allein oder zu zweit – bei uns bist du (seid ihr) an der richtigen Adresse.

Du wirst bei uns zehn Monate lang Gruppen- und Einzeltherapie machen. Aber auch lernen, arbeiten, Sport treiben, Ausflüge machen, kochen, dich um den Garten kümmern oder dein Fahrrad reparieren. Für diese Zeit gibt es bestimmte Regeln und natürlich einen Wochenplan.

Du wirst viel Zeit mit der Gruppe verbringen – wenn auch nicht immer mit allen zur selben Zeit.

In einer therapeutischen Gemeinschaft ist der Lebensmittelpunkt die Gruppe. Sie bietet die Möglichkeit für Auseinandersetzungen mit dir selbst. Sie hört zu, und sie gibt Antworten. Die Gruppe ist eine Lebensgemeinschaft, die sich selbst versorgt, gemeinsam den Haushalt führt und die Freizeit genießt. Dabei lernst du, Schwierigkeiten zu überwinden: Schwierigkeiten mit einem geregelten Tagesablauf, mit alltäglicher Arbeit, Schwierigkeiten im Umgang mit anderen. Und kannst stattdessen deine Fähigkeiten entwickeln – vielleicht sogar solche, die du noch gar nicht kennst.

In der Frauen- oder Männergruppe kannst du über alles reden, was du in Gegenwart des anderen Geschlechts nicht ansprechen magst.

Die Therapie in Völksen dauert zehn Monate. Hier gibt es viele Möglichkeiten, dich auszuprobieren. In den letzten Monaten wird die Vorbereitung auf ein Wohnen außerhalb der Gemeinschaft, auf Schule und Beruf immer wichtiger. Wahrscheinlich wirst du ein Praktikum machen – nicht bei uns, sondern in einem ganz normalen Betrieb. Da kannst du ausprobieren, wie du zurechtkommst, und kriegst Übung fürs Leben nach der Therapie.

Bei uns wird niemand zum Bleiben gezwungen. Möchte jemand seine (oder ihre) Therapie abbrechen, versuchen wir, mit ihm bzw. ihr darüber zu reden. Das Schwanken zwischen Ausweichen und Sich-den-Problemen-Stellen ist Teil jeder Drogenabhängigkeit. Ein Abbruch bedeutet auch nicht unbedingt das Ende der Therapie. Wenn Gruppe und TherapeutInnen dafür sind, kann man wieder aufgenommen werden. Einen Anspruch darauf gibt es aber nicht.

Bist du nach einer Therapie wieder rückfällig geworden, brauchst du vielleicht weniger Zeit. Vielleicht auch nicht. Wir finden es in der Anfangsphase gemeinsam heraus und erstellen dann deinen Therapieplan. Er wird im Laufe der Zeit immer wieder überprüft. Denn schließlich sollst du deine Zeit nicht mit Dingen vertrödeln, die du schon kannst, sondern gezielt an deinen Schwierigkeiten arbeiten. Es ist also stark von dir selbst abhängig, wie lange eine zweite Therapie dauert.

Nach der ersten Phase in unserem Haus in Völksen kannst du hier oder in Hannover in eine kleinere Wohnung ziehen und später an unserem Nachsorgeprogramm teilnehmen. Wir helfen dir, neue, drogenfreie Beziehungen aufzubauen, und selbstverständlich kannst du uns auch nach deiner Therapie besuchen. Viele nehmen auch nach Therapieende noch an unseren nach außen offenen Gruppen (Männer- und Frauengruppe) teil.

Wenn du nach Völksen kommst, wirst du feststellen: Vieles regelt sich von allein oder einfach durch die Gruppe. Aber nicht alles. Gerade für die Anfangszeit muss es ein paar Regeln geben, um unsere Gemeinschaft zu schützen.

Die Aufnahme: Hier wird gründlich gefilzt. Die therapeutische Gemeinschaft ist drogenfrei und soll es auch bleiben. Du stellst dich in einem kurzen Gespräch der Gruppe vor, damit wir dich gleich ein bisschen kennen lernen. Und du uns.

Kontakte nach außen sind von Anfang an nach Absprache möglich. Zunächst kannst du Briefe schreiben, später auch telefonieren und Besuche empfangen. Für Lebensgefährten und eigene Kinder gelten besondere Regeln.

Musik wird bei uns gern gehört, die richtige Zeit dafür ist die Freizeit. Meist heißt das: nach dem Abendessen, von 19 bis 24 Uhr. Tabu: Musik, die Drogen oder Gewalt verherrlicht.

Beziehungen sind erwünscht, sie gehören zum Leben. Mit allen Freuden und Schwierigkeiten. Natürlich sind sie oft auch Therapie-Thema.

Aus der aktuellen Selbstdarstellung der Therapeutischen Gemeinschaft Völksen; www.step-hannover.de/data/dther/tgv0.html

Aber so negativ habe ich das alles nicht empfunden. Diese ganzen Regeln im Haus nahm ich wie selbstverständlich hin; ich dachte, sie werden schon ihre Gründe haben. Und Lieder wie »Sister Morphine« wollte ich auch gar nicht hören, das hätte mir nur eine fatale Romantik verpasst. Wegen der Regeln hätte ich die Therapie jedenfalls nicht geschmissen.

Ich begab mich in die Obhut dieser Käseglocke, ließ Hannover hinter mir, meine Mutter, Yvonne, Bulle und die anderen. In diesen ersten fünf Tagen, als ich hin und her überlegte, ob ich bleiben wollte, sah ich nicht nur Bulle auf dem ewigen Sofa sitzen und mich hinter Mama herhasten für ein bisschen schales vergängliches Wohlgefühl. Ich sah auch eine ständige Steigerung des beschissenen Daseins: Der Tag, an dem Brenda, mit der ich eine Zelle im Knast teilte, sich viermal einschiss und ich es immer wegmachen und sie, die 31-Jährige, dann auch noch windeln musste – da war der Tiefpunkt an Unwürdigkeit erreicht! Auf den Strich zu gehen ist wohl mindestens genauso unwürdig, aber da hat man die Dinge wenigstens noch ein bisschen in der Hand. Aber sich mit 31 so hilflos zu fühlen, so auf Hilfe angewiesen zu sein, ohne dass man eine Behinderung hätte – sondern nur, weil man sich für ein paar Jahre vergessen, sein Blut verpulvert hat … Puh – so wollte ich nicht enden – wie Brenda da lag, die verkorksten Beine in die Luft gestreckt, damit ich ihr die Windel ummachen konnte …

Irgendwie fühlte ich mich auch ungerecht behandelt. Ich hatte zwar 29 Anzeigen am Arsch – aber wer hatte mir die denn beigebracht? Und wer schlug gern mal um sich und nahm sich die totale Narrenfreiheit raus? Mama und Bulle – und sie liefen draußen rum, ihnen passierte nichts. Aber *ich* wurde verhaftet! Natürlich war mir klar, dass ich auch zu dumm, zu dreist, zu breit und zu gleichgültig gewesen war – das hatte mich in den Knast gebracht. Ich hatte immer die stille Hoffnung gehegt, dass ich keine Konsequenzen zu tragen hätte, weil ich bald, morgen, vielleicht gleich nach dem nächsten Druck, tot sein würde.

Der Wochenablauf

Der Tagesplan fing an mit dem Wecken um sieben Uhr. Um acht gab's Frühstück – und zwar um PUNKT acht. Danach gab es immer die Ansagen – da konnte man sich aus dem Programm ausklinken, wenn man krank war oder irgendwohin musste, die 2er und 3er sagten ihre Außenaktivitäten an. Nach dem Abräumen des Frühstücks gab es die Morgenrunde inklusive Sanktionen – da konnte man sein Geld für angelassenes Licht oder nicht ausgeschaltete Herdplatten loswerden: Licht = 50 Pfennige, Herdplatte = eine Mark. Wenn man mit 62 Mark im Monat hinkommen musste und starker Raucher und Süßigkeiten-Fan war, gewöhnte man sich ganz schnell ab, das Licht anzulassen.

Dann war putzen angesagt. Es gab zwei alte Bäder und zwei neue, zwei Therapieräume, die Hoftreppe, das Büro, den Wäschekeller, den Gruppen- und den Fernsehraum, die Werkstatt – jeder hatte jede Woche einen anderen Bereich, die Küche machte man zu dritt, einschließlich kochen und den täglichen Eimer Milch und die Eier vom Bauern holen. Die 1er mussten sich ihren Bereich von 2ern abnehmen lassen – hört sich auch streng an, aber wenn lauter nette Leute auf einem Haufen sitzen, ist es überhaupt nicht schlimm.

Nach dem Putzen variierte der Plan je nach Wochentag. Montag und Dienstag war arbeiten angesagt – man konnte wählen zwischen Garten, Werkstatt, Fahrradwerkstatt und Hausmeisterei und auch mal wechseln, wenn man in seinem Bereich nicht klarkam. Als A-Stufe bastelte man in der Werkstatt an so einem Holzketten-Verbindungsstück rum, das an die Holzschlange mit über hundert anderen Teilen gehängt wurde, die eindrucksvoll und symbolisch im Therapieraum unter der Decke schwebte. Ohne das fertige Holzstück konnte man seinen Antrag für die Stufe 1 nicht ansagen.

Jeden Mittwoch um drei war Großputz, das hieß: alle Schränke ausräumen, alles abwaschen – von außen und innen –, alle Fenster und Türen putzen ... Voll die Action! Donnerstags um drei war Großgruppe am großen ovalen Esstisch, da wurden Anträge angesagt und besprochen, Außenaktivitäten, Kontakte nach draußen oder in andere Therapiehäuser abgeklärt, Reflektionen wurden gehalten und Sanktionen erklärt. Großgruppe dauerte manchmal bis zum Abendbrot um halb sieben – aber es gab Kaffee und Kuchen, und rauchen durften wir sowieso bis zum Umfallen.

Eine Kaffeeregel gab es auch: höchstens vier Becher am Tag, ab Stufe 2 fünf und als 3er unbegrenzt. Tee durfte man von Anfang an trinken, so viel man wollte. Wenn einer seine Tasse stehen ließ, kostete das auch 50 Pfennige – es war nervig, wenn man zig Gruppen am Tag hatte, nur weil irgendwo 'ne Tasse rumstand. Wenn jemand »Gruppe« rief, musste man, egal was man gerade tat – auf dem Klo sitzen oder baden –, auf dem schnellsten Weg in den Gruppenraum kommen. Zum »Gruppe«-Schreien ging man auf den Flur. Es war vergleichbar mit »Big Brother«, nur dass man hier kein Geld gewann. Hier konnte man nur den Start in ein neues Leben gewinnen ...

Freitags gab's eine Stunde früher Mittag, und danach war Sport; für die Unsportlichen wie mich wurde auch Spazierengehen angeboten. Nach dem Sport hatte man Freizeit bis zum Abendbrot und danach wieder Freizeit bis zum allabendlichen Zehner-Dienst – da ging einer um zehn Uhr im gesamten Haus und Hof rum und guckte, ob alle Türen und Fenster zu waren, alle Schlüssel an ihrem Platz lagen oder irgendwo noch 'ne Tasse rumstand. Die Höherstufigen wechselten sich dabei täglich ab; am Dienstplanbrett im Gruppenraum konnte man nachsehen, wer dran war.

Samstags und sonntags gab es später Frühstück, und wir

aßen abends warm. Ansonsten war Freizeit angesagt, wir hatten unten im großen Therapieraum einen Tischfußball- und einen Tischtennistisch, die Anlage stand auch da; man konnte seinen Spaß haben und sich die Zeit vertreiben. Einige Leute hatten ein richtiges Freizeitdefizit; sie wussten nichts mit sich anzufangen, hatten keine Hobbys und fühlten sich unfähig, kreativ zu sein. Man konnte aber alles ausprobieren, egal auf welche Idee man kam. Als ich mal erwähnte, dass ich mal wieder Skateboard fahren wolle, brachte Dietrich ein paar Tage später eins mit.

Jedes Wochenende musste jeder, außer den Leuten aus der Stufe 3, einen Wochenbericht schreiben, der in einen Kasten in den Gruppenraum gelegt wurde. Jeder konnte und sollte ihn lesen, damit man wusste, wie der Einzelne drauf war und womit man sich beschäftigte. Wenn aber einer nur schrieb: »Mir geht's gut« und man sah, dass es nicht so war, wurde er direkt darauf angesprochen – hört sich auch wieder schlimmer an, als es war. Einmal im Monat musste einer von uns einen Gruppenbericht schreiben, wo jeder ein Feedback bekam, auch die Therapeuten. Die Berichte wurden dann sonntags in der Abendrunde besprochen. In meinem ersten Wochenbericht vom 11. November 1989 steht: »Ich fühl mich besser als letzte Woche, zeitweise muss ich mich quälen, hier zu bleiben. Springe fand ich so weit gut – dass ich mal wieder was anderes gesehen habe, ansonsten ist es ein popeliges Dorf. Ich habe psychosomatische Störungen im Gesicht und lache komischerweise viel.« In Springe war ich mit den 1ern in einem Omacafé zum Kuchenessen gewesen.

Die anderen

Ela (Stufe 2b) war erst mal die einzige andere weibliche Patientin im Haus, sie kam aus Bremen. Ich kam oberflächlich neutral mit ihr klar, aber sie war so gar nicht mein Fall.

Ab und zu kam Annette vorbei, sie war HIV-positiv und noch nicht lange aus dem Haus, sie hatte eine Energie, die einen umhauen konnte. Sie lachte die meiste Zeit, schien die Dinge locker zu nehmen und baute uns Therapieanfänger damit auf.

Dieter (3er) hatte am selben Tag wie Jagger Geburtstag. Er war der Erste, mit dem ich geredet habe, nach den ersten entscheidungsschweren Tagen. Er war über 35 und hatte eine leichte Stirnplatte, drum herum dunkelbraunes längeres Haar. Wegen seiner souveränen Ausstrahlung wurde er von uns »der Indianer« genannt. Leider hatte auch er den HIV-Virus. Er kannte Mama und ein paar andere – dadurch fühlte ich mich mit ihm vertraut.

Peter (1er), ein drahtiger, blonder, nicht allzu großer Typ, kam aus Aurich. Er war der absolute Gruppenkasper. Ständig verarschte er die Leute und riss Witze. Manchmal sagte er: »Oh, ich glaube, ich muss gleich einen fahren lassen …«, und sah erwartungsvoll in die Runde. Wir verdrehten angewidert die Augen. Er meinte dann, es ginge auch anders, und machte Bewegungen mit seinem Bauch, bis ihm ein Rülpser rauskam – es wirkte echt so, als ob er ihn direkt aus dem Darm gezogen hätte!

Tommy (1er) kam aus Bremen, und ihm stand die Melancholie ins Gesicht geschrieben, obwohl er auch viel am Grinsen war. Mit seiner schlaksigen Figur sah er Stan Laurel ähnlich.

Kay (1er), ein hübscher Typ, kam aus Wolfsburg und war auch meistens am Rumalbern. Das war mir gleich aufgefallen, dass eine ziemlich alberne Stimmung herrschte. Ich hatte gedacht, wenn so viele zusammengewürfelte Junkies nüchtern in einem Haus hängen – das kann doch nicht gut gehen.

Holly (2er) kam aus Ostfriesland und war ein total angenehmer Zeitgenosse, er machte viele lustige Sprüche und erinnerte mich an den Komiker Otto. Er schien alles auf dem Schirm zu haben, und ich fragte mich manchmal, warum er überhaupt hier war.

Roman (2er) kam aus Düsseldorf und hatte eine richtige Künstlerseele – ein echter Schönling, der auch gern rumalberte.

U2 (2b), der Freund von Ela, war ein großer, korpulenter Typ, der einen sehr vernünftigen, gemütlichen und sonnigen Eindruck machte.

Tom (1er) kam aus Darmstadt, war Konditor und hatte einen Sohn. Er war lang, dünn, hatte dunkle Haare und einen Schnauzer. Er nervte mich ab mit Wörtern wie ›akkurat‹ – es tat in den Ohren weh.

Thomas (1er) war das genaue Gegenteil von Tom: klein und untersetzt. Er war aus Delmenhorst und kam so studentisch und harmlos rüber, dass ich ihm den Junkie bis zum Schluss nicht abnahm. Mit ihm, Kay und Tommy hing ich meistens rum.

Chris (1er), auch aus Hannover, war so ein Abdrehertyp wie mein früherer »Stiefvater« Zappel. Er trug eine innere Unruhe und Unzufriedenheit in sich, fühlte sich auch schnell angegriffen; ich versuchte, so wenig wie möglich mit ihm zu tun zu haben.

Achim (1er), auch einer der Älteren im Haus – er hatte auch einen Sohn –, war ein sturer, unsympathischer Besserwisser mit Geiergesicht.

Uwe (2er) kam aus Leipzig, er war eher der mürrische Typ, ich hatte wenig mit ihm zu tun.

Stefan (2er), mein Pate, war ausgeglichen und nett; er sah irgendwie schwedisch aus.

Es war also ein überwiegend sympathischer Haufen – auch die Therapeuten: der energische, selbstsichere Dietrich und der weißhaarige Werner mit seinem fetten Türkis im Ohr waren für mich die Hauptakteure – zusammen mit Merty, mit ihm klärte ich meine Nachtträume. Später in der Außenphase kam noch der Musikfanatiker Uli dazu. Aber alle anderen, die in dieser Zeit meinen Weg kreuzten, schätzte ich auch sehr.

Wochenbericht, 18. November: »Die Woche verging schnell. Dienstagnacht war scheiße. Ich glaubte, meine Mutter sei gestorben und schwebe in mein Zimmer rein. Dann überfielen mich die Erinnerungen an sie. Hatte auch Angst, dass Bulle hierher kommt – und den kann keiner aufhalten, weil er so 'n Tier ist. Na ja, ansonsten war es alles recht easy. Manchmal würde ich gerne abhauen.« Bulle war mein zweiter Stiefvater.

Ich war immer noch hin- und hergerissen – nach den ersten fünf Tagen hatte es ja nicht plötzlich klick gemacht, und ich hatte voll Bock auf Therapie und Cleansein. Ich machte mir auch keine Gedanken um ein cleanes Leben. Es war einfach so: Jetzt war ich hier, und wenn ich wollte, konnte ich »Gruppe« schreien und verkünden, dass ich doch lieber wieder die kühle Nadel in meinen heißen Venen spüren wollte … Und wegen dieser Hintertür und weil ich die Gewissheit hatte, dass Hannover nicht weit war, blieb ich – außerdem traute ich mich auch noch nicht, »Gruppe« zu schreien.

Der November verging, und ich hatte immer öfter Panikschübe, wenn ich in mein Dachbodenzimmer ging und an dem Fenster im Treppenhaus vorbeimusste – der Hof lag nun schon ab fünf Uhr im Dunkeln, und ich stellte mir vor, dass irgendwer von den alten Leuten da draußen ist.

 Wochenbericht, 25. November: »Diese Woche ist nicht viel

passiert. Ich habe viel Musik gehört und meinen 1er-Antrag angesagt. Ich übernehme die Katzenverantwortung. Habe viel an draußen gedacht.«

Flashback (die Brotmesserstory)

Tagebuch, 1. Dezember: »Als die Tür zweimal zuschlug, glaubte ich plötzlich, Bulle käme herein. Ich hatte tierisch Angst. Dann ist mir Martin eingefallen, wie er damals mit dem Brotmesser vor mir stand. Blut auf meinem Schuh – Blut auf meinem Arm – Blut in meinem Kopf – MAMA! *Was* haben wir *getan*?! – Blut auf deinem Arm ...«

Ach ja – Martin. Auch eine der unschönen Storys. Es war im Frühjahr 1989, als ich mit Jagger rumzog. Meist suchten wir uns für die Nacht einen offenen Keller. Aber Jagger hatte am nächsten Morgen einen Gerichtstermin und wollte sich vorher frisch machen, deshalb schliefen wir diesmal bei Martin in der Föttestraße. Jagger meinte, Martin sei etwas komisch, aber er käme gut klar mit ihm, und Martin würde uns auch in Ruhe lassen. In seinem Zimmer hingen einige selbst gemalte Bilder, die Person darauf sah mir irgendwie ähnlich. An dem Tag hatten wir kaum Shore und tranken Wodka – irgendwann legten wir uns aufs Sofa, uns war warm, und wir schliefen nackt ein. Martin war in einem anderen Zimmer.

Morgens gegen zehn wachte ich auf, Jagger war weg. Ich nahm einen Schluck aus der Wodka-Flasche und versuchte mich zu erinnern, ob wir einen Treffpunkt ausgemacht hatten ... Martin kam ins Zimmer, und mir wurde bewusst, dass ich bis auf die Unterhose nackt unter der Decke lag. Er setzte sich auf die Sofakante und wollte mich anfassen. Ich sah ihn kalt an und sagte: »Wenn du mich anpacken willst, musst du mir schon den Bauch aufschlitzen!« Er sprang auf und rannte raus. Ich hörte ihn in seiner dreckigen Küche wühlen, und da kam er auch schon wie wahnsinnig herbeigerannt – und fuchtelte mit einem Brotmesser herum! Ich war wie gelähmt – aber trotzdem zu stolz, sodass ich nur dabei zusah, wie er mir die Decke wegzog. Er grinste mich wahnsinnig an, dann strich er mir mit dem Messer auf meinem Bauch rum: einmal, zweimal – und als er zum dritten Mal ansetzte, verließen mich die Sinne, und alles wurde schwarz …

Gegen ein Uhr wachte ich wieder auf. Martin lag neben mir und schlief, alles stank nach Pisse – hatte er mich angepisst oder ich mich selbst!? Mir fiel das Messer ein – da lag es, auf dem Tisch. Ich tastete mich ab: Mein Bauch war in Ordnung, meine Unterhose hatte ich an, aber sie war feucht.

Nachdem ich mich vergewissert hatte, dass er wirklich schlief, versuchte ich aufzustehen – meine Beine taten total weh. Was hatte er mit mir gemacht? Ich konnte kaum laufen. Leise zog ich mich im Bad an. Ich wusste nicht, was passiert war. Wieso war ich so lange ohnmächtig gewesen – kam das vom Affen? Vom Wodka am Morgen und in der Nacht? Oder war das mein berühmter Selbstschutzmechanismus – dass ich mich nie erinnern wollte, wenn was passiert war?

Unten an der Tür knallte mir die Sonne ins Gesicht – Leute gingen vorbei, sahen doof durch mich durch, während ich mich am Türrahmen festkrallte. Irgendwann war ich an der Haltestelle Küchengarten und fuhr zum Raschplatz. Dort saß ich auf den Stufen und wartete über eine Stunde auf Jagger. Als er endlich kam, freudestrahlend, weil sein Termin gut gelaufen war, erzählte ich ihm, was passiert war. Jagger war total erschüttert. Wir gingen zur Herschelstraße und zeigten Martin an – für was auch immer. Bei der Untersuchung stellte sich zum Glück raus, dass er mich nicht vergewaltigt hatte. Ich habe bis heute keine Ahnung, warum ich mich kaum bewegen konnte, vielleicht hat er meine Beine in alle Richtungen gebogen ... Die Bullentussi hatte abfällig gesagt: »Ach, ihr immer mit euren Vergewaltigungen!« Ich erinnerte sie an das Messer, aber das interessierte sie nicht weiter.

Wegen solcher Erinnerungs-Flashbacks und meiner über allem schwebenden Paranoia brachte Werner ein Rollo im Treppenhaus an.

Ansonsten kam ich im Alltag gut klar, die Stimmung im Haus gefiel mir, ich kritzelte viel vor mich hin, und Peter fing an, sich an mich ranzumachen. Er scharwenzelte ständig um mich rum, versuchte mich zu beeindrucken mit seiner Pups-Rülps-Nummer und ähnlichen Kunststückchen. Ich musste viel über ihn lachen. Von ihm habe ich das abfällig-gelangweilte Gähnen übernommen – wenn ich keine Lust auf seine Späße hatte, meinte er, er würde gleich in den Gruppenraum gehen und mit einem müden Gähner sagen: »Ich war gerade bei Silvana ... uuuaaaahhh!« – so von wegen, wie langweilig ihm doch mit mir war. Das triezte mich, er wusste gut, wie er mich aus der Reserve locken konnte.

Wochenbericht, 9. Dezember: »Die Woche war bis Mittwoch etwas stressig, wegen des Küchendienstes. Werner hat mir erzählt, dass Guido und Lennart angerufen und gesagt hätten, Mama gehe es körperlich und seelisch ganz gut. Sie wolle auch einen Entzug machen und hätte wohl neuen Mut geschöpft, weil ich noch hier sei. Montag kommen sie mich besuchen, ich freu mich tierisch.« – Ich durfte dann mit den beiden in den Saupark. Es war ziemlich lustig, Guido machte wieder den Kasper, die Sonne schien, und ich fühlte mich, als ob ich das erste Mal im Zoo wäre. Danach bereitete ich mich auf meinen Stufe-1-Antrag vor, der am Donnerstag anlag.

Dieser Tag war der erste richtig stressige für mich. Morgens hatte ich Wecken, das war sowieso der Horror für mich: in alle Zimmer reingehen und die anderen aus ihren Träumen reißen. Mir fielen die Weckarien mit Mama ein; ich hatte sie seit frühester Kindheit immer wecken müssen. Immer war sie genervt davon, obwohl sie mir den Auftrag gegeben hatte. Sie meinte sogar, ich solle ihr einen Eimer Wasser über den Kopf schütten, falls sie nicht aufwache – hab ich mich natürlich nicht getraut, weil sie dann über das nasse Bett gemeckert hätte.

Nach dem Frühstück war mein Antrag, ich beantwortete die ca. sechzig Fragen plus die aus der Gruppe, und nach einer Stunde war ich Stufe 1. Den neuen Status spürte ich zuerst daran, dass ich ein paar Sachen vom Kofferboden bekam, u. a. das Stofftier von meiner kleinen Schwester Yvonne.

In der Großgruppe um drei Uhr musste ich dann noch eine Reflektion halten, weil ich mir Briefmarkengeld von Heike geliehen hatte; Geld leihen und verleihen stand auf dem Index. Heike war seit ein paar Tagen im Haus, ich hatte sie schon mal beim Hofgang im Knast gesehen. Sie war mein blondes strubbeliges Gegenstück – wir nannten uns Ying und Yang. Wir beide zogen für kurze Zeit vom Dachboden in den Therapieraum neben dem Büro; der Dachboden musste fit gemacht werden für die neuen Frauen, die bald kommen sollten. Die Zimmer im Haus waren eher klein und mit Flötotto-Möbeln eingerichtet. In jedem Zimmer schliefen zwei Leute, außer auf dem großen Dachboden, der bald zum Vierbett-Frauenzimmer wurde.

14. Dezember: »Mother! What did you do? The needle in your eye – bloody tears on your screaming face … Manchmal frag ich mich, was in deinem Kopf so vor sich ging. Du hast dich von mir bequatschen lassen, dass es mir alles nichts ausmacht. Das habe ich nur getan, um dir das schlechte Gewissen zu nehmen. Es hat mir tierisch was ausgemacht – hab das alles nur nicht mehr so gemerkt, weil ich ständig breit war.« Es gab immer häufiger Momente, in denen mir alles hochkam und ich echt sauer auf sie wurde. Schreiben half mir, mich auf den Punkt zu bringen, diesen Scherbenhaufen aus 18 Jahren zusammenzukehren.

17. Dezember: »Ich habe Angst, dass Mama stirbt, dass Dieter stirbt (abhaut), dass Jagger tot ist, dass irgendwas in meinem Kopf ausklinkt und ich abhaue. Angst, dass jemand herkommt und mir Angst macht. Angst vor meiner eigenen Hilflosigkeit. Unfähigkeit, Angst auszudrücken. Angst vor mir selbst.« Dieters Helferzellen waren nur noch auf 40, und die ganze Gruppe hatte Muffe, dass er abhaute, weil er keinen Sinn mehr in der Therapie sah. Aber er versicherte uns, dass er trotzdem bleiben wolle.

Das Sozi bewilligte mir Klamottengeld. Sabine vom Jugendschutz kam mich einen Tag vor Weihnachten besuchen; sie brachte mir heimlich eine Karte von Mama mit. Es war eine dieser Karten mit einem aufgedruckten Text, mit Sätzen wie: »Du hast meinem Leben einen neuen Sinn gegeben – wenn wir beisammen sind, fühle ich mich geborgen. Es beruhigt mich zu wissen, dass du in Sicherheit bist und dass es dir gut geht. Wenn wir nicht zusammen sind, fühle ich mich verloren, und ich möchte wissen, ob wir nicht mehr Zeit miteinander verbringen könnten.« Das war genau die richtige Nahrung für meine Sehnsucht nach draußen. Ich wäre am liebsten kurz mal vorbeigefahren in Laatzen. Andererseits machte mich die Formulierung »mehr Zeit miteinander verbringen« auch wütend, denn ich wollte schon immer gerne mehr Zeit mit ihr verbringen – aber sie war ja so auf Typen und Drogen fixiert, das war ihr immer wichtiger.

Sie selbst schrieb in dem beigelegten Brief: »Meine liebe Silvana! Findest du die Karte auch gut? Ich finde, die Zeilen drücken so viele Sachen aus, die wir uns nie gesagt haben. Heute frage ich mich, warum eigentlich nicht? Es ist jetzt sechs Uhr morgens, ich konnte einfach nicht mehr schlafen. Dir wird es hoffentlich gut gehen. Ich kann nur sagen, dass ich stolz auf dich bin, denn es gehört eine Menge Mut dazu. Yvonne wird immer frecher, manchmal denk ich, die redet Türkisch. Zu Tini sagt sie ›Titti‹, früher hat sie mal ›Tini‹ gesagt. Der Arzt sagt zwar, es kommt von alleine, das mit dem richtigen Sprechen, aber ich werd mal in der MHH nachfragen. Du bist und bleibst ihre ›Nana‹; wenn sie ein Bild von dir sieht, flippt sie fast aus. Mir geht es gesundheitlich gut. Gleich werd ich in die Wanne gehen und mich fertig machen, denn heute hab ich ämtermäßig ein volles Programm. Muckel, dass ich viel an dich denke, kannst du dir ja vorstellen. An Weihnachten darf ich gar nicht denken, wollte dir ein Paket fertig machen, aber ich darf es noch nicht. Bis zum nächsten Brief sei ganz lieb geküsst und ganz doll umarmt von Yvonne und deiner Mama. Denk immer daran, dass du es für dich machst. Jetzt bist du mein Vorbild, weil du es gepackt hast.«

Dieser Brief war wie ein kleines Fenster: Ich sah sie im Bademantel auf dem Bett sitzen, die Beine angewinkelt und die Kippe in der Hand, der Kaffee dampfte, und Bulle schlief neben ihr und schnarchte … Ich fühlte mich Lichtjahre von ihr entfernt und doch so nah. Ich konnte aus ihren Zeilen herauslesen, wie einsam sie war; sie war es immer gewesen. Ich war die Einzige, die wirklich zu ihr gehalten hatte; die ihr noch vertraut hat, als es schon nichts mehr zu vertrauen gab. Wäre Bulle nicht gewesen, wäre ich auch nicht ausgezogen. Ich hatte letztendlich vor ihm und seinem Einfluss auf sie die Flucht ergriffen. Ich wäre bei ihr geblieben, und wir wären nicht so abgestürzt, vielleicht. Aber das sind alles nur vage Wunschvorstellungen, wie es hätte werden können, wie bei »Lola rennt«. Denn leider kann ich es überhaupt nicht auf Bulle schieben, dass alles so heroinlastig war, er hatte ja eigentlich was dagegen – aber wegen Mamas HIV-Infektion hat er dann auch den Rappel gekriegt und sich drauf eingelassen.

Was mir noch am 23. Dezember durch den Kopf ging, beschreibt der Wochenbericht: »Klamotten kaufen war gut. Als ich in den Zug nach Springe einstieg, saß da ein Typ –

Hose –, dem Mama mal ein paar Gramm abgezogen hat. Ansonsten bin ich mit dem Kopf ziemlich draußen, schon weil ich Sabine eben so gelöchert habe mit Fragen über Mama und was so abgeht in Hannover. Sie erzählte, dass Jagger nicht tot und Michaela von Daytop abgehauen sei – das war die Therapie, für die ich mich zuerst beworben hatte. Ich hab den Kopf jetzt total voll und fühl mich nicht so wohl, auch wegen scheiß Weihnachten. Im Moment fühl ich mich gar nicht nach Therapie. Ich merke, wie viel Angst ich vor draußen habe. Es wäre nur ein Schritt – aber der wäre dann auch schon zu viel. Scheiß Aids – scheiß Drogen – scheiß Eltern – scheiß Leben – scheiß Tod. Ich bin scheiße, nur am Abätzen, weil ich mit den Sachen nicht klarkomme und mir keine Hilfe hole, weil ich nicht weiß, wie ich anfangen soll, und ich mir so unwichtig vorkomme, und so viele Leute sind noch auf der Szene, und morgen ist schon Weihnachten – so'n Rotz! Was mach ich denn nur – hier?«

Weihnachten 1989

Es war dann alles viel lockerer, als ich es mir vorgestellt hatte. Wir waren in der Kirche, und das Geschenkeauspacken war voll die Tombola – sehr lustig! Ich bekam Zeichenutensilien und auch noch was von Sabine, Guido und Lennart. Mit Peter hab ich nach der Bescherung auch noch rumgelegen; ich fühlte mich wirklich gut aufgehoben, auch wenn ich an diesem Tag schrieb: »Mein Freund ist tot. Es gab kein Blut, fühl mich nicht gut.« Das war mal wieder an Sergio gerichtet.

Ansonsten ließ ich mir die Bilder von Heiligabend im letzten Jahr nochmal durch den Kopf gehen: Ich war mit Mama gegen fünf Uhr nachmittags zum Raschplatz gefahren – wie jedes Jahr zu den Feiertagen war dort erst mal nichts aufzutreiben. Wir warteten, und ich rief Jagger bei seiner Ma an. Ich fragte ihn, ob er noch zum Platz komme oder wir uns woanders kurz sehen könnten. Er blieb aber lieber auf dem Sofa sitzen; *er* hatte Shore, und es ging ihm gut!

Ich hasste es, dass wir – während alle Kinder gerade unterm Weihnachtsbaum ihre Geschenke auspackten – versuchten, Heroin zu kaufen oder gegen Klamotten einzutauschen. Die fertigen Gestalten um mich rum törnten mich ab, ich wollte endlich zurück nach Laatzen, aber es dauerte gut drei Stunden, bis wir endlich was hatten. Mama war mal wieder voll in ihrem Element: Sie redete mit zig Leuten, ging mal hierhin, mal dorthin und war guter Dinge, obwohl noch kein Dealer in Sicht war. Aber wir wussten, dass sie uns nicht im Stich lassen würden; bald würden sie auftauchen mit ihrem heiligen Zauberpulver und uns unsere Stille Nacht verticken.

Am 29. sagten Heike und Holly abends ihre Beziehung an, das hieß, dass sie nun auch im Partnerraum schlafen konnten. So was wäre mir unendlich peinlich gewesen. Ich poppte lieber heimlich mit Peter – mein zweiter Regelverstoß, denn ich hatte ja keine Beziehung mit ihm angesagt. Er war irgendwann im Januar in mein Zimmer gekommen und hatte mich verführt; Heike hatte mit Holly Partnernacht. Das war's auch erst mal mit Poppen, das nächste Mal war erst wieder in der Phase nach den zwölf Monaten in Völksen; vermisst habe ich es aber nicht, hatte ja genug scheiß Sex hinter mir.

Zwischen den Jahren bekamen wir noch Zuwachs: Kerstin, eine junge, aber ziemlich abgetakelte Junkiebraut, unförmig und dumm – aber akzeptiert, wir saßen ja alle im selben Boot. Wir veranstalteten ein Tischfußballturnier gegen die Leute aus dem Therapiehaus in Barrigsen, die wir eingeladen hatten. Roman und ich malten die Urkunden und belegten auch den zweiten Platz.

Der Wochenbericht vom 30. Dezember: »Holly hat mir 'ne Doors-Kassette geschenkt – sehr gut –, und ein Ossi aus Barrigsen hat mir noch eine Kassette von den Doors geliehen. Ich habe sie Roman zum Zensieren gegeben – natürlich kaputtgegangen, Scheiße! Ansonsten war ja nicht viel außer Weihnachten. Ich merke, dass ich immer noch die Pumpe im Hinterkopf habe. Ich träume (manchmal absichtlich) auch von dem scheiß Koks. Gemerkt hat das hier noch keiner; ich habe es auch nicht erzählt, weil ich nicht weiß, wie ich anfangen soll. Ich habe immer noch Abnabelungsprobleme und Sehnsucht nach meiner Mutter. So! Sonst geht es mir hier total SUPER! Happy New Year!«

Ich wollte ehrlich sein und nicht allein bleiben mit meiner Schussgeilheit. Vielleicht wollte ich die anderen auch aus der Reserve locken, denn die meisten kamen schon sehr zensiert rüber – sie taten fast so, als ob sie solche Probleme nicht hätten, gar nicht drogensüchtig wären. Wir sprachen zwar in den Therapiestunden darüber, aber das Wesentliche beredete man nur im Einzelgespräch. Die Drogengeilheit eines anderen wurde immer erst dann richtig klar, wenn er mit der Gruppenkasse stiften ging. Wir rissen uns alle die ganze Zeit ziemlich zusammen und hielten das Maul – es war peinlich, wenn man sich diese Lust, sich dicht zu machen, eingestehen musste. Es war doch jetzt alles gut! Wieso nervte der Affe im Kopf dann rum – tobte und triezte einen?

Am 30. Dezember schrieb ich in mein Tagebuch: »Ich weiß noch genau, was ich letztes Jahr an Silvester gemacht habe: Ich schlief mit Jagger bei Papa, morgens haben wir zwei Flaschen Sekt getrunken, eine Rohypnol genommen, und dann bin ich etwas abgedreht; damals war ich die Pillen noch nicht so gewohnt. Abends sind Jagger und ich in den Sumpf, ich habe da kein Feuerwerk gesehen, wollte Jagger nicht loslassen, hatte ihn die ganze Nacht im Arm. Hoffentlich macht der mal Therapie, ich will nicht, dass er auf irgendeinem beschissenen Klo endet. Heute habe ich in meinem Wochenbericht zum ersten Mal erwähnt, dass ich (sehr) oft an Koks denke, an das Feeling – diese miesen fünf Sekunden! Und danach geht's mir saudreckig, das wusste ich immer schon vorher. Ich hasse mich dafür, dass ich das überhaupt mal angepackt habe. Ach Scheiße! Ich mache jetzt Therapie und will wirklich später versuchen, ohne zu leben. Als ich das eben schrieb, zog sich alles in mir zusammen – als ob mein Geist meiner Seele nicht glaubt! Ich versuch's und bleibe hier.«

Waiting for the sun

Am Silvestertag war die Gruppenstimmung durchwachsen. Jeder hing seinen Gedanken nach; nebenbei schmückten wir den Therapieraum. Abends verkleideten sich die meisten, ich ging als Terroristen-Clown. Roman und Peter verkleideten sich als Frauen. Dieter, Tommy und U2 schminkten sich die Augen mit Kajal – sie sahen erschreckend verjunkt aus.

Ich goss zum ersten Mal Blei – hatte ich noch nie gemacht; Mama hatte immer Angst vor dem heißen Blei. Ich goss etwas, das Dietrich als Scheißhaufen mit einer kleinen Figur obendrauf identifizierte – er meinte, das sei ich, wie ich aus der Scheiße rauswachse. Den Rest des Abends beschreibt das Tagebuch: »Mit meinen Stimmungen war ich manchmal im tiefsten Keller, und dann schoss es wieder hoch wie Raketen in mir. Die Fete im Therapieraum hat Spaß gemacht, wenn ich gut drauf war. Als wir um zwölf auf den Berg gingen (natürlich zu spät, wegen Roman), hatte ich plötzlich miese Sequenzen, bekam echte Sehnsucht nach einer Riesenfete und vielleicht auch nach etwas Drogen. Mann, das wird verdammt hart und schwer werden, ohne zu leben. Eben um halb drei habe ich noch mit Dietrich geredet, habe das Gefühl, dass er mich versteht und ernst nimmt.«

1. Januar 1990: »Heute habe ich ein Foto von Yvonne bekommen und ein Bild für Tommy gemalt: Waiting for the sun. Mit Dietrich hatte ich noch ein kurzes Einzel. Ich will nie wieder mit Uwe und Tom Küche haben, morgens kotzen die mich total an – Uwe ist muffelig und Tom provozierend. Im Gruppenbericht von Ela habe ich als Feedback bekommen, dass ich mich hier allmählich zum Gruppenkasper entwickle und dass mein Wochenbericht ein einziger Widerspruch sei. Stimmt. Ich will das aber ändern mit dem Kasper, das gefällt mir überhaupt nicht mehr. Nächste Woche bin ich mit Gruppenbericht dran. Morgen färbe ich mir die Haare schwarz und muss die vier Tassen Kaffee ansagen. Ansonsten bemale ich für die Leute T-Shirts.« Elas Feedback machte mich nachdenklich. War sie neidisch, dass es mir gut ging – oder kam sie nicht damit klar, dass ich so lustig unterwegs war, nach all dem, was ich erlebt hatte?

Am 3. Januar rief ich zum ersten Mal »Gruppe«. Zuvor hatte ich Peter, Holly oder sonst wen gebeten, für mich zu rufen, wenn ich Gruppe machen wollte, aber irgendwann ließ sich keiner mehr drauf ein. Nun war der Bann gebrochen, ich traute mich endlich und hatte den Beinamen »die Sirene« weg.

An diesem Tag dachte ich wieder viel an Sergio: »Ich erinnere mich, wie du dir in meinem winzigen Zimmer einen Druck gemacht hast und bleich nach hinten fielst. Du hast dich nicht mehr bewegt und kaum geatmet – ich hatte Angst und schlug dir ins Gesicht. Dann bist du aufgewacht und hast mich gefragt, was los sei; du warst völlig stoned. Drei Mal passierte das, und immer bin ich fast vor Angst gestorben. Jetzt bist du gestorben, bist abgehauen, mit deiner Überdosis in Turin.«

Sergio hing mir weiter im Hirn wie ein schlechter Traum.

Zwei Jahre hatte ich alle Sehnsüchte auf ihn projiziert, alle möglichen Typen abgewiesen, weil ich jeden Tag dachte, *heute* würde er mir über den Weg laufen! Ich träumte in allen Variationen von der Zukunft – nie kamen dabei Kinder und Familie vor –, in erster Linie wollte ich mit ihm LSD nehmen und dabei vor Liebe voll durchknallen! Mit ihm wollte ich ein nettes, freakiges Leben führen, bunt, verspielt und kreativ – ohne Heroinallüren. Ich wollte, dass wir uns gegenseitig diese Wärme geben, die wir nur vom Heroin kannten.

Als ich ihn zwei Jahre nach der ersten flüchtigen Begegnung wiedersah, glänzte er nicht mehr, sondern sah ausgebrannt aus. Ich war aber schon so lange in ihn verliebt, dass ich darüber hinwegsehen wollte. Aber mein Traum war ausgeträumt, Sergio war genauso ein Drogenlappen wie alle, die bisher meinen Weg gekreuzt hatten. Ich versorgte ihn mit Heroin, deshalb hat er sich oberflächlich in mich verliebt. Gegeben hat er mir nichts, außer einem vertrauten Lächeln und der Gewissheit, dass er sich auch die Doors injiziert hatte. Er hatte überhaupt keine Ahnung von meiner intensiven Liebe zu ihm. Ich versuchte mal, ihm davon zu erzählen, aber er war zu dicht, um es wirklich zu raffen. Ich wusste fast nichts von ihm, nicht sein Alter und noch nicht mal sein Sternzeichen; sein Cousin Josef war sich nicht mehr sicher, ob er am 10.11. oder am 11.10. Geburtstag hatte. Aber er muss so Mitte zwanzig gewesen sein.

5. Januar: »Gestern hab ich den Briefkontakt zu Melanie abgeklärt. Peter hat heute das erste Mal richtig im Ernst mit mir geredet, finde immer mehr Vertrauen zu ihm und bin froh, dass er hier ist. Habe heute ein Abschiedsbild für Sergio gemalt. Ich träumte gestern von Jagger, er sah echt schrecklich aus! – Christel hat mir Buchweizen mitgebracht; ich will Diät machen.«

Christel, die etwas Hippiehaftes hatte, wohnte im Dorf. Sie schneite immer mal rein, brachte Kuchen und eine Tüte gute

Laune mit. Wir Frauen rissen uns um sie – wir machten unsere Frauengruppe mit ihr, wir meditierten oder machten Körperübungen, aber meistens tranken wir Kaffee oder Tee und redeten. Diät wollte ich machen, weil ich mich in meinem Körper mal wieder total unwohl fühlte. Ich war überhaupt nicht fett, aber es kam mir so vor, weil ich draußen zum Schluss so dünn war.

Meine Angst um Mama und Jagger trieb mich dazu, dass ich eines Tages, als ich in einer Arbeitspause allein im Gruppenraum war, die zensierte Tageszeitung aufriss. Ich rauchte eine, dabei fiel mein Blick auf zwei zugeklebte Stellen. Ich knibbelte nur ein bisschen am Rand, aber irgendwie löste sich das ganze Blatt. Ich war fest überzeugt, dass dahinter der Tod von Mama oder Jagger gemeldet wurde – aber dann war es doch nur irgendwas Banales. Ich glättete alles, so gut es ging, und verschwand wieder in meinem Arbeitsbereich. (Nach der Katzenverantwortung übernahm ich im Frühjahr kurzzeitig die für den Garten, es war mir aber zu anstrengend. Am längsten trug ich Verantwortung für das Fotolabor; sieben Monate lang verzog ich mich am Wochenende in den Minikeller und entwickelte Fotos. Ständig knipste ich die Leute. Die Fotos hingen im Fernsehraum; wer die Therapie abgebrochen hatte, wurde mit schwarzem Edding übermalt.)

Nach dem Mittagessen fragte Ela, wer die Zeitung aufgerissen hätte. Alle stöhnten auf; keiner hatte Bock auf eine Marathongruppe, die bis zum späten Abend ausgesessen werden konnte. Ich brachte erst mal kein Wort raus, alles war still. Dann räusperte ich mich und sagte, dass ich es war, weil ich sehen wollte, ob etwas über den Tod von Mama oder Jagger geschrieben wurde. Erleichtert und schockiert zugleich sahen mich alle an – sie hatten nicht geahnt, was ständig in mir abging. Alle wollten von einer Sanktion absehen, Dietrich meinte jedoch, das sei nicht fair den anderen gegenüber, und verlangte, dass ich »zur Strafe« zwei Kuchen backe! Damit konnte ich leben – allerdings nicht backen; aber Tom half mir.

Als wir den Kuchen machten, fiel mir auf, dass das Mandelaroma nach Amaretto riecht – damit war es direkt auf dem Index gelandet. Weinsauerkraut und Branntweinessig waren auch auf dem Index – vielleicht hatten es die Therapeuten schon erlebt, dass jemand in seiner übermäßigen Sucht den Branntweinessig aussoff. Das Regelwerk der Therapie hielt uns alle Versuchungen vom Hals – Musik, Nachrichten, Zeitungen und Weinsauerkraut. Hier wurde mit den subtilsten Assoziationen gearbeitet, selbst die Teelöffel waren etwas größer als üblich – denn in einen Löffel konnte man schon eine Menge reinprojizieren. Ich habe heute noch Phasen, wo ich einen einzelnen Teelöffel nicht auf dem Tisch liegen sehen kann, weil es dann kein Löffel mehr ist, sondern Teil eines Spritzbestecks.

Therapiestunden waren mehrmals in der Woche. In einer der ersten Sitzungen – ich war gerade dran mit einem Statement – stand Tom plötzlich auf und setzte sich auf den freien Platz neben mich. Er ergriff meine Hand und sah mich voll Mitgefühl an. Ich riss meine Hand weg und fuhr ihn an, was das denn geben sollte! Er war erschrocken, schlug die Hände vors Gesicht und schluchzte. Ich sah ratlos in die Runde. Dietrich beobachtete die Szene mit einem erwartungsvollen Grinsen – er freute sich wahrscheinlich, dass mal wieder was abging in seiner Stunde. Ich weiß heute leider nicht mehr, was ich in meiner lapidaren Art erzählt hatte und weswegen Tom das Herz so aufgegangen war.

In den Stunden wurde immer klarer, dass wir alle komplett beziehungsgestört oder geschädigt waren. Ob es nun die Eltern waren, Großeltern, Freund oder Freundin – alle hatten wir Probleme, mit Beziehungen umzugehen. Wir hatten wenig Vertrauen zueinander oder zu uns selbst; wir hatten ständig Angst, verlassen zu werden oder Gefühle zuzulassen. Die

Ursachen lagen natürlich meist in der Kindheit, viele waren in gleichgültigen Verhältnissen aufgewachsen, auch wenn es nach außen hin perfekt aussah. Ich war manchmal echt erleichtert, dass die anderen auch unfähige Eltern hatten.

In den Therapiestunden konnte sich jeder bei der ersten Runde, in der man kurz sagte, wie es einem ging und welche Fortschritte man bei sich bemerkte, selbst zum Thema machen. Gut war, dass die Therapeuten einem nicht sagten, was man machen sollte, sondern einen selbst drauf kommen ließen und gedanklich auf diesem Weg halfen. Man hatte immer das Gefühl, dass man selbst entscheidet, was das Beste für einen ist.

Der Gruppenbericht

Am 7. Januar war ich dran mit dem Gruppenbericht. Dabei musste man erst was zu sich selbst schreiben, dann, wie man die allgemeine Gruppenstimmung fand, und schließlich noch zu jedem Einzelnen seinen Senf abgeben. Letzteres fiel mir schwer, weil ich erstens eine feige Ader habe und niemanden vor den Kopf stoßen will, und weil ich zweitens an den wenigsten Leuten ein wirkliches Interesse hatte – auf der Szene hätte ich manche nicht mit dem Arsch angeguckt. Aber ich riss mich zusammen und blieb ehrlich, aber diplomatisch.

»*Zu mir*: Ich fühle mich im Moment mal gut, mal schlecht; weiß, dass ich in nächster Zeit was machen muss – z. B. ernst bleiben, wenn ich was ernst meine, und Verantwortung übernehmen. Die Therapiestunden in der letzten Woche fand ich gut, Silvester auch; merkte mal wieder, dass clean sein doch nicht so schlecht ist, auch wenn ich um zwölf miese Feelings bekam.

Zur Gruppe: Ich bemerke einige Fortschritte bei uns 1ern, aber auch einige Spannungen. Die ganzen Tassen- und Lichtgruppen sind nervig.

Feedback-Runde:

Kerstin: Fand gut, dass du in der Therapiestunde mal Dampf abgelassen hast, finde aber, dass du dich mehr über die HIV-Infektion informieren solltest, ansonsten komme ich im Zimmer gut mit dir klar.

Heike: Ich bin echt froh, dass du hier bist, sehe auch einige Parallelen bei uns. Bist ein witziger Typ, ansonsten nerven mich deine Klamotten, die im Zimmer rumliegen.

Peter: Ich komme immer besser mit dir klar und sehe, dass du mich auch ernst nimmst. Finde gut, dass wir mal angefangen haben, uns zu unterhalten und nicht nur abzukaspern.

Achim: Ich finde, dass du auf der Stelle trittst und Angst vor Auseinandersetzungen hast. Deine Argumente und Provokationen nerven mich in letzter Zeit nicht mehr so ab, aber mal sehen.

Tom: Wenn ich dir mal was erzähle, kannst du nicht zuhören, sondern erzählst gleich was von dir. Das Antesten von deiner Seite nervt mich ziemlich ab. In der Küche mit dir komme ich mir vor wie ein Stift! Übrigens bin ich 18 und nicht acht oder 28.

Chris: Dass du in der Therapiestunde mal was von dir erzählt hast, fand ich gut; kann mir jetzt ein kleines Bild von dir machen. Finde gut, dass du noch nicht weggelaufen bist; bei dir sehe ich Fortschritte.

Kay: Mit dir komm ich ja immer klar. Dass du deinen 2er angesagt hast, find ich ziemlich früh.

Tommy: Kommst mir immer noch ziemlich traurig und nachdenklich vor. Reden kann ich gut mit dir, habe auch Vertrauen und fühl mich verstanden.

Thomas: Deine Wörter pieksen mich immer noch, aber ist schon weniger geworden. Wie schon mal gesagt: Wir sind hier in der Therapie und nicht an der Uni.

Stefan: Ich finde, dass du immer besser drauf bist. Ansonsten krieg ich nicht viel von dir mit. Viel Glück für deinen 3er!

Roman: Bist im Moment total lustig unterwegs. Würde gern mal ein Riesenbild mit dir malen – Künstler Nr. zwei!

Uwe: Küche mit dir war total mies. Dein Muffelface morgens und deine Art gingen mir ziemlich auf den Nerv. Ansonsten krieg ich dich hier gar nicht mit.

U2: Bist viel in der Gruppe, komm gut mit dir klar. Finde gut, dass du Diät mitmachst.

Holly: Dass ich dich abkann, weißt du ja wohl, kann gut mit dir reden. Bist aufbauend und lustig – Mr. Sonnenschein!

Ela: Du kannst dich gut durchsetzen, ich kann annehmen, was du sagst. Du machst auf mich den Eindruck einer starken Frau. Viel Glück für deinen 3er.

Dieter: In der letzten Zeit bekam ich nicht viel von dir mit, außer dass du nicht gut drauf bist. Ich bin gern bei dir oben und brauche auch deine Meinung.

Teamer:

Werner: Du hast mich in der letzten Woche zeitweise auf den Teppich zurückgeholt. Deine lustige Art find ich voll abgefahren.

Merti: Viel bekomm ich noch nicht von dir mit, außer dass du ziemlich eigensinnig bist.

Dietrich: In Therapiestunden finde ich dich voll gut. Für mich bist du hier der Vater aller Klienten. Im Einzel hab ich noch manchmal Angst, dass du in manche Seifenblasen von mir piekst.

Christel: Fühl mich wohl, wenn du hier bist, hast einen guten Durchblick.

Boogie: Von den Leuten, die Wochenenddienst machen, finde ich dich am Abgefahrensten. Finde aber scheiße, dass du heute vielleicht das letzte Mal Dienst machst. Man sieht sich immer zwei Mal!« (Boogie sehe ich bis heute immer mal wieder.)

Wie man merkt, hatte ich mich gut eingelebt. Mit Peter kam ich auch immer ernsthafter klar, vielleicht zu ernsthaft, denn eigentlich war er nicht mein Typ. Beim nächsten Großputz stellte er sich dann auch als echter Arsch heraus.

Ich war mit dem Therapieraum fertig und machte kurz Pause. Thomas und Kay waren auch gerade fertig und setzten sich dazu, wir tranken Kaffee und rauchten, dazu lief die Musik superlaut; die Boxen waren auch auf dem Flur verteilt, damit das ganze Haus was hören konnte. Plötzlich kam Peter rein und starrte uns an – wir hatten gerade über irgendwas gelacht. Er machte die Musik aus und schrie: »Gruppe!« Da sagte er dann, dass er uns dabei »erwischt« hätte, wie wir allein als 1er Musik hörten und Kaffee tranken, obwohl der Großputz noch nicht beendet war. Dabei waren wir rein zufällig zusammengekommen – wir wollten nur mal kurz verweilen. Das Argument der Stunde aber war, dass wir Abbruchkandidaten hätten sein können, die beim Abdriften mit der Musik Abhaupläne schmiedeten! Na ja, es endete damit, dass wir eine Woche Kaffee- und Musikverbot bekamen. Das störte mich weniger – ich hörte sowieso Musik, abends in der Küche durchs Ofenrohr, es war ja alles so hellhörig da; und auf Kaffee konnte ich auch locker verzichten. Viel mehr störte mich, dass Peter so arschig war. Danach redeten wir erst mal nicht mehr miteinander – aber seine lustige Art fehlte mir.

Im Wochenbericht am 13. Januar schrieb ich, dass ich zwei Beziehungsklärungen machen wolle – dabei hatte ich ja nur eine Sache zu klären. Damit wollte ich Peter aus der Reserve locken, denn er schien sich seiner Sache mit mir sehr sicher zu sein. Mein Plan funktionierte; Peter kam an, wollte reden. Es stellte sich raus, dass er eifersüchtig auf Kay und Thomas gewesen war, weil wir dasaßen und uns amüsierten; das hatte ich schon die ganze Zeit gewusst.

Donnerstag, 18. Januar: »Heute hat Dieter abgebrochen. Er hatte sich Sonntag einen Druck gemacht und war dann wieder ins Haus gekommen. Mit der Entscheidung für oder gegen die Droge hat er bis heute gewartet. Heute sollte sein Stufe-3-Abschied in die Phase sein. So ein Blödmann! Ich könnte ihm in die Fresse hauen, so sauer bin ich! Aber ich kann seine Schussgeilheit auch verstehen. Ich bin auch schussgeil, hoffe aber, dass ich, wenn ich Stufe 2 oder 3 bin, niemals so 'n Blödsinn mache. Mir kam es heute so vor, als sei die Gruppe wieder enger zusammengerückt. Es wurde auch klar, dass viele mitgekriegt hatten, dass Dieter breit hier ankam. Aber alle haben wir weggeguckt – so was darf hier nie mehr passieren! Ansonsten waren wir heute im Kino mit Merty und dem Zivi, es gab ›Zurück in die Zukunft II‹.«

Am Sonntag, Dieter war schon wieder im Haus, war Gruppe gewesen. Man ging nach ihm gucken, fand ihn aber nicht. Da er Stufe 3 war, musste er an den Hausgruppen nicht mehr teilnehmen, vielleicht war er ja auf dem Klo … Nachdem sich herausgestellt hatte, dass es bei der Gruppensitzung um eine leere Rohypnol-Packung ging, die man im Haus gefunden hatte, kam auch Dieter dazu. Er hatte Steckis, stecknadelgroße Pupillen – ich habe es auch bemerkt, aber nicht wahrhaben wollen –, war aber nicht so angeturnt, dass ihm die Mundwinkel in den Seilen gehangen hätten.

Die Herkunft der Rohypnol-Packung klärte sich an diesem Abend nicht mehr auf; absolutes Misstrauen entstand, jeder checkte ab, wem man was zutraute – und stellte fest, dass man jedem ALLES zutraute …

Dieter trug nun zur allgemeinen Aufklärung bei, dass es

seine Rohypnol waren und dass er sich am Sonntag während der Gruppe erst im Schrank versteckt hatte. Ich fand das alles so peinlich: Da wurde aus Dieter, unserem Indianerhäuptling, ein Depp, der sich im Schrank versteckt! Ich war öfter mit Dieter zusammen gewesen und hatte ihm seine cleanen Absichten geglaubt; er wirkte so sicher, wenn er darüber sprach. Schade – der erste Mensch, dem ich hier vertraut hatte, war auch gleich der erste Abbruch.

Das nächste Mal sah ich ihn auf einem Foto wieder, das Annette mir zeigte: Seine Haut war über die Knochen gespannt – der Virus hat all sein Fett verbraucht –, die Haare trug er immer noch lang, er sah echt gruselig aus – derselbe Mensch in halb so viel.

21. Januar: »Letzte Nacht träumte ich, dass ich mit jemandem aus der Gruppe übern Raschplatz ging, und da saßen ALLE, die ich kenne, und noch zehnmal fertiger. Dann war ich in so 'ner komischen Wohnung mit Sabine (die macht doch gar nix). Sie hat was aufgekocht, und es war mir völlig klar, dass ich mir auch was wegmache. Dann bekam ich Angst vor einer UK [Urinkontrolle] und wollte dann doch nur einen rauchen, hatte dann aber Angst, dass sie mich rausschmeißen aus Völksen. Überlegte hin und her – zwischen Angst und Verlangen, bis ich dann dachte, ich brauch das doch gar nicht, und wirklich NEIN sagte. Sabine hat sich trotzdem was weggemacht, und es machte mir nix aus! Super! Sonst hab ich ja immer das Gegenteil geträumt.«

Wochenbericht, 27. Januar: »Anfang der Woche bin ich in ein Loch gefallen und habe mir jeden Morgen vorgenommen, mich auszuklinken, traute mich dann aber nicht. War nah dran, mich völlig in meinen Depressionen zu suhlen, und hatte auch noch Stress mit Peter.« Er ging mir nun immer öfter auf die Nerven – er hatte seine lustige Art mit so einer komisch kontrollierenden vertauscht, dazu war er besserwisserisch und bissig.

28. Januar: »Gestern hat Kerstin abgebrochen, die dumme Kuh! Geht mir nicht so nah. Habe heute zehn, elf Stück Kuchen gegessen – konnte mich nicht bremsen. – Gedicht: Habe Sehnsucht nach draußen, möchte übern Raschplatz laufen. Möchte fliegen, niemand darf mich kriegen. Will entfliehn – über die Scene. Dann denk ich, das ist mein Untergang – macht mich noch ganz krank. Mein zweites Ich, das piesackt mich. Habe Sehnsucht nach draußen – möchte durch Hannover laufen. Wann ist es zu spät? (Wenn nix mehr geht?)«

Diese plötzlichen Abbrüche ließen mich an der Therapie zweifeln. Ich zog mich wieder zurück, ließ den Gruppenkasper in der Ecke sitzen.

4. Februar: »Wenn ich an meine Koks-Zeit zurückdenke – als ich immer dünner wurde und mir die Arme so doll zerstochen hatte und total auf Paranoia durch die City lief –, dann würde ich am liebsten losschreien, aber meine Mauer lässt nichts durch! Ich denke oft an Michaela und Jagger – dann möchte ich wieder zurück, auf die Szene. Hab im Moment das Gefühl, dass ich bald abhaue. Doch die Angst hält mich hier; drauf sein kann ich immer noch.«

Am 8. schrieb ich an Peter: »Unsere Beziehung, oder was das ist, geht mir total auf die Nerven. Fakt ist, dass ich nicht deine Traumfrau bin und umgekehrt. Ich sehe das eher als eine Notlösung für dich, und da hab ich keinen Bock drauf. Außerdem nimmst du mich nicht ernst.«

Dietrich erzählte, dass Mama ein Methadon-Programm vorhat. Ich versuchte dran zu glauben.

Eine neue Frau wurde aufgenommen, Patrizia; ich kannte sie locker vom Raschplatz. Wir waren jetzt fünf Frauen; ein paar Tage zuvor waren Andrea und Helmut aus Bremen gekommen – ein abgewracktes Junkiepärchen, kaum noch Zähne im Mund, aber lustig.

Am 18. Februar schrieb ich Mama heimlich einen Brief,

den ich nie abschickte: »Ich hoffe, du schaffst es. Ich hoffe, ich schaffe es, unsere Nabelschnur zu durchschneiden. Ich höre Stimmen, die gar nicht da sein können. Ich bekomm schon wieder Angst vor meinem eigenen Hirn. Mein Ohr pocht, und ich denke mal wieder, dass ich mir einen Film angucke, dass ich in meinem Körper hocke und rausglotze. Ich weiß nicht, wie es dir geht – ich habe Sehnsucht nach dir und erinnere mich oft an den letzten Abend, als du mich nach langer Zeit einmal in den Arm genommen hattest und ich noch dachte, dass mir das so abschiedsmäßig vorkommt. Am nächsten Tag hast du mir gesagt, dass wir uns im Knast wiedersehen, wenn ich so weitermache; und keine drei Stunden später war ich im Knast. Jetzt weiß ich, dass das alles so sein sollte, und ich weiß nicht, was ich davon halten soll – ich bin manchmal so weit, hier einen Abgang zu machen. Aber einige Leute sind mir hier wichtig geworden, und das hält mich hier. Ich wäre gern wieder bei dir, so wie zu der Zeit, als wir alleine wohnten und noch nicht die ganzen Junkies bei uns ein- und ausgingen. Irgendwie bin ich tierisch traurig über uns. Ich hoffe, dass du es jetzt mal schnallst und was für dich tust, für mich brauchst du nichts mehr zu tun. Ich hoffe, du lebst noch, wenn ich hier fertig bin.«

Urlaub

Ende Februar fuhren wir für ein paar Tage mit den beiden Bullis nach Bad Harzburg. Hauptsächlich waren wir mit Werner wandern – das war voll sein Ding! Bei einer dieser Wanderungen durch den tiefsten Harz fing es an zu stürmen, ich hatte echte Panik und dachte, mein letztes Stündlein hätte geschlagen. Und fast wäre es auch so gekommen.

Wir gingen einen schmalen Weg an einem nicht enden wollenden Abhang entlang, um uns kilometerhohe Bäume und tonnenschwerer Sturm. Plötzlich hörte ich ein lautes Poltern hinter mir. Ich drehte mich um – keinen Meter hinter mir prallte ein fetter Felsbrocken auf den Weg und donnerte den Abhang hinunter! Einen Schritt langsamer, und er hätte mich erwischt! Wie tragisch – da habe ich so oft versucht, mich zu selbst erledigen, und dann hätte es ein zufällig herunterfallender Fels nebenbei besorgt …

Wochenbericht, 3. März: »Den Urlaub fand ich gut, war aber froh, als wir wieder hier waren. Als Kay abbrechen wollte, wurde ich wütend. Bin froh, dass er nicht abgehauen ist. Habe heute meinen 2er angesagt.« Eine meiner persönlichen Fragen im Antrag lautete: »Wann bist du pur und wann setzt du deine Clownsmaske auf?«

Wegen Kays Abbruchgedanken gab es eine Gesamttherapiegruppe, in der wir überlegten, was ihm gut tun könnte, und beschlossen, eine Bude für ihn zu bauen. In die sollte er seine Vertrauenspersonen einladen. Er wählte Thomas und mich aus, und wir schliefen zwei Nächte dort. In unserer 1er-Zeit hatten wir drei eines Tages mal so viel Anistee getrunken, dass wir davon echt ein bisschen high wurden. Nach der fünften Kanne war eine Gruppe, und ich hatte Angst, dass man es mir ansah. Danach haben wir uns nicht mehr mit Anistee bedröhnt.

Einmal, beim Großputz, gab es eine komische Situation: Ich putzte gerade die großen Fenster, als Dietrich plötzlich auf mich zurannte und mich umarmen wollte. Ich sprang vom Stuhl, schmiss den Lappen aus der Hand und rannte um den Tisch – Dietrich hinterher! Die anderen sahen erstaunt und belustigt zu; ich fand es gar nicht lustig und reagierte schroff. Ich wollte mich von *niemandem* berühren lassen, ich fand es unangenehm. Dietrich wusste das und wollte mich mit seiner Aktion »heilen«; jetzt sah er, dass es keine Masche war. Aber im Laufe der Zeit löste sich dieses Problem fast von allein auf.

Dass mehr Frauen da waren, fand ich gut. Es lenkte mich von Peters Psychoterror ab. Ich bekam von ihm zwei Briefe, unter die er eine Spritze gezeichnet hatte. Er meinte, dass er damit wieder anfangen würde, wenn ich keine Beziehung mit ihm wollte! Ich ging mit den Briefen zu Werner, und der war very erbost! Er holte Peter, zu dem er früher mal gesagt hatte: »Dir werden die Eier hier schon nicht platzen, da hat die Natur schon vorgesorgt!«, gleich ins Büro. Wir beschlossen, die Briefe erst mal nicht öffentlich zu machen, um ihn noch zu schützen. Hinterher war Peter total beleidigt, er meinte, dass ginge nur uns beide was an. Fand ich nicht – wenn er mich erpresste.

Na ja, die Sache erledigte sich dann von selbst. Am 7. März klemmte sich Peter die Gruppenkasse unter den Arm und war weg. »Alle erzählen Blödsinn. Der Idiot hat abgebrochen. Ich bin nicht schuld. Seine Maske ist ihm wegen mir runtergefallen. Ich hau nicht ab. Werde nicht weglaufen, werde mich nicht verpissen. Jetzt bin ich wieder allein, niemand da, der mich so extrem beobachtet, bewacht. Jetzt geh ich allein meinen Weg durch dieses Haus.«

Peter hatte ähnlich Druck auf mich ausgeübt wie damals Zappel oder Klaus, der nach der Randale bei Opa noch drei Wochen lang bei uns anrief und mir drohte, er würde unter dem Laubengang hocken oder mir auf dem Weg zur Schule auflauern. Sollte Peter sich doch in seinem falschen Selbstmitleid den goldenen Schuss setzen – wer mir jetzt noch Stress machte, der konnte gleich wieder gehen.

26. März: »Heute beim Zahnklempner hatte ich nach langer Zeit den ersten Kontakt mit einer Spritze. Es tat weh, innen drin. Er verpasste mir fünf Spritzen, und mir war, als würde ich schweben. Mir war so schlecht, und ich zitterte.

Ich wollte am liebsten in Ohnmacht fallen – raus aus dieser

Situation! Die ganzen Bilder, die durchs Hirn flatterten. Ich dachte, das hört nie mehr auf ... Und jetzt tut mir die Fresse weh.« Ich hatte eine Entzündung im Kiefer gehabt und sah nun mit den Fäden im Zahnfleisch aus wie ein Zombie. Ich klinkte mich für zwei Tage aus dem Programm aus. Nebenbei wuchs mir am Oberschenkel so ein Abszess, wie ich ihn schon in den Armbeugen hatte. Nachdem ich ihn mit Zugsalbe eingecremt hatte, sah er aus wie ein blaues Auge. Die anderen drehten sich angeekelt weg, wenn ich plötzlich mein »drittes Auge« zur Schau stellte!

Ansonsten hatte ich schon über zwanzig Tage meine Regel. Als ich mir schon wieder Tampons geben ließ, wurde Therapeutin Sabine hellhörig – ich klärte sie auf, und sie war entsetzt. Sie machte direkt einen Termin in der Bertaklinik in Hannover klar.

1. April: »Silvana an SilWAHNa: Nur die Kerzen brennen – die Sonne geht unter. Die Uhr tickt laut in meinem Kopf, und meine Augen brennen schwarz aus dem Spiegel. Es ist jetzt fast dunkel draußen, und ein Zug fährt dahinten vorbei. Wenn ich morgen früh das erste Mal wieder in meine alte Stadt fahre, hoffe ich, dass mich ihr Geruch und ihre Bilder nicht gefangen nehmen. Dass sie mich nicht alles Schöne, das ich hier habe, vergessen lässt und mich der Dreck nicht wieder magisch anzieht. Ich erinnere mich zu gut, aber fühl mich auch stärker. Am 18. April ist Sergio ein Jahr tot (break on through to the other side).«

In der Morgensonne düsten wir los, meine Fresse war gerade wieder verheilt. Als wir in Hannover einfuhren, überfiel mich die absolute Vertrautheit, im Radio lief »I'm a Believer« von den Monkees; am liebsten wäre ich Kaffee trinken gegangen.

In der Klinik kam eine Schwester mit einer Valium-Spritze an. Ich lehnte erschrocken ab, und Sabine klärte die Schwester auf. Ich sollte aber bei der Gebärmutterausschabung auf jeden Fall ein Beruhigungsmittel haben, deshalb gab sie mir eine Valium-Pille. Schon kurz darauf war ich total hacke, und zwar auf unangenehmste Weise. Ich konnte gar nicht mehr nachvollziehen, dass mir Valium mal zu lasch gewesen war; ich nahm es nur, wenn es nix anderes gab.

Zurück in Völksen klinkte ich mich für drei Tage aus und lag nur im Bett rum. Ich genoss die Zeit allein – unten im Haus und draußen konnte ich meine neuen Verbündeten hören, und es kam immer mal wer hoch auf einen Kaffee. Nebenbei bereitete ich mich auf meinen 2er vor, wenn ich nicht gerade träumte und sinnierte. 4. April: »Heute hat Tini Geburtstag. Ich wäre jetzt gerne in Laatzen, warum, weiß ich nicht. Mir geht es hier enorm gut, ich habe auch ein gutes Gefühl, wenn ich nach vorne gucke. Jeden Tag verändert sich was, die Sonne knallt oder nicht – jeden Tag neue bekannte Gefühle, mit klarem Kopf kriegt man alles mit, was mit einem passiert, und das ist das eigentliche Abenteuer. Die Szene ist nur ein Abklatsch, da werden falsche, künstliche Gefühle verkauft – und irgendwann ist man tot und hat überhaupt nix mitgekriegt – oder war alles doch nur ein Traum?«

Das Valium hatte mich ganz schön auf den Teppich geholt; ich war entsetzt, wie wenig ich mich plötzlich kontrollieren konnte. Und Hannover wiederzusehen, zu spüren und zu riechen, hatte mir gut getan. Ich sah, dass alles noch da war – ich konnte jederzeit wieder einsteigen, wo auch immer.

Am 5. hatten wir noch eine Neuaufnahme: Uwe, 31, aus Hamburg, den wir gleich in Ewu umtauften, weil wir schon zwei Uwes hatten.

Wie es in Laatzen weitergegangen war

Mama hatte nach meiner Verhandlung die Rechtsanwältin, die mich vertreten hatte, auch für sich engagiert. Sie bekam einiges zu tun.

Am 25. September 1989 erhielten Mama und Bulle einen Beschluss vom Amtsgericht, es ging um Yvonne: »Den Kindeseltern wird aufgegeben, Kontakt zum Jugendamt aufzunehmen und Mitarbeitern des Jugendamtes Zutritt zu ihrer Wohnung zu gewähren, Yvonne dem Jugendamt und einem Kinderarzt ihrer Wahl vorzustellen und den Untersuchungsbericht dem Gericht zukommen zu lassen. Gründe: Die Entscheidung beruht auf dem § 1666, danach hat das Vormundschaftsgericht bei Vorliegen einer Gefahr für das geistige oder seelische Wohl des Minderjährigen die zur Abwendung der Gefahr erforderlichen Maßnahmen zu treffen. Das Jugendamt hat am 12.9.1989 folgenden Sachverhalt mitgeteilt: Frau X ist seit einigen Jahren mit ihrem jetzigen Mann verheiratet, aus dieser Ehe ging die Tochter Yvonne hervor. Da die Mutter inzwischen lebensbedrohlich erkrankt ist und sich des Öfteren einer stationären Behandlung unterziehen muss und der Vater rechtskräftig verurteilt ist und in Kürze eine Haftstrafe antreten muss, scheint die Betreuung Yvonnes nicht gesichert zu sein. Informationen zur Betreuung und Versorgung Yvonnes sind dem Jugendamt nicht bekannt, da der Vater dem Jugendamt mehrfach Zutritt zu seiner Wohnung verweigerte und auch die Mutter, trotz gegenteiliger verbaler Bekundungen, nicht zu einer Zusammenarbeit bereit war. Das Wohl der erst dreijährigen Yvonne ist in der gegenwärtigen Situation gefährdet. Sollten die Eltern den gerichtlichen Anforderungen nicht nachkommen, müssen sie mit einem Entzug des Sorgerechts und einer aushäusigen Unterbringung ihrer Tochter rechnen.«

Es war also derselbe Mist, den Mama schon mit Sven und Nils und mit mir erlebt hatte. Allerdings konnte ich mich schon an Nachlässigkeiten erinnern, wie z. B., als Mama einmal in der Küche was aufkochte und vergaß, die Tür zu schließen. Yvonne schien sie schon mal dabei beobachtet zu haben, denn plötzlich kam sie angerannt, mit ihren zwei Jahren, und hatte sich einen Gürtel um das kleine Ärmchen gebunden. Sie rief: »Mama! Aua – hier aua!«, und zeigte auf ihren Arm. Ich schrie Mama an und packte Yvonne, die mich mit großen Augen ansah. Ich zog ihr den Gürtel vom Arm, stratzte mit ihr ins Kinderzimmer und lenkte sie mit Spielzeug ab. Mama hatte nur müde von ihrem Löffel aufgesehen, als ich sie anmachte. Danach versuchte sie, es ins Lächerliche zu ziehen, von wegen, dass sie ja noch viel zu klein sei, um das zu raffen, und dass sie sich daran nie erinnern würde. (Das hat sie auch nicht.)

Am 2. Oktober bekam Mama einen Beschluss wegen einiger Diebstähle. Am nächsten Tag flatterte ihnen die fristlose Kündigung der Wohnung ins Haus, weil sie immer noch alle möglichen Leute bei sich wohnen ließen. Bis zum 30. November sollten sie die Wohnung renoviert und geräumt haben. Mama war aber nicht untätig und holte sich ein Attest vom Arzt, das sie für verhandlungsunfähig erklärte.

Anfang November war wieder eine Hausdurchsuchung; leider geht aus dem Formular nicht hervor, was man bei ihnen gefunden hat, doch das Feld »Gefahr im Verzug« ist angekreuzt. Am 24. November meldete sich Video World Laatzen ganz »nett« bei Bulle: »Jeder kann mal was übersehen; in Ihrem Fall ist es der Betrag von 1226,– DM, den Sie uns noch schulden.« Ich vermute, die warten noch heute auf ihre Kohle.

Warum die Wohnung am 30. November nicht geräumt wurde, weiß ich nicht; wahrscheinlich hat Mama das wieder mit einer Meute von Amtsleuten geklärt. Am 29. Dezember meldete sich die Firma Quelle bei ihr, dort hatte sie u.a. das große Bett bestellt und nie bezahlt. Quelle schrieb: »Ein Gerichtsvollzieher wurde mit der Zwangvollstreckung beauftragt. Der Vollstreckungsbeamte wird in den nächsten Tagen bei ihnen die Mobiliarpfändung durchführen. Dass es so weit kommen musste, haben Sie selbst verschuldet.« So waren nun auch die Möbel weg; über ein Jahr später sah ich unsere Schrankwand und die dazu passende hellbraune Flurgarderobe im Möbellager des Sozialamtes stehen.

Mama kümmerte sich darum wahrscheinlich auch nicht groß, aber dafür machte sie für Yvonne einen Kindergartenplatz klar, da sollte sie ab 1. März hingehen. Bulle hatte sogar schon einen Zettel mit Ausdrücken von Yvonne geschrieben, denn niemand verstand sie, sie hatte eine eigene Sprache erfunden.

Am 7. Februar 1990 erhielt Mama eine Ladung wegen räuberischen Diebstahls. Bulle bekam am 20. Februar eine Geldstrafe über 793,80 Mark – die er natürlich noch nicht mal anzahlte. Was noch in diesem kalten Februar passierte, außer dass zwei Leute in meinem alten Zimmer starben, kann man nur vermuten. Yvonne aber bekam alles brühwarm mit.

Am 13. März erhielt Bulle eine Einladung vom Arbeitsamt, sie wollten mit ihm über seine berufliche Situation sprechen. Mama bekam am 15. einen Brief der Rechtsanwältin, wonach das Verfahren wegen ihrer acht Diebstähle vorläufig eingestellt sei, wegen ihrer HIV-Infektion. Die Rechtsanwältin schickte einen zweiten Brief mit: Sie hatte in der Mietsache noch nicht tätig werden können, weil die beiden sich einfach nicht meldeten. Am 20. bekam Bulle von der Staatsanwaltschaft Post, wegen einer Betrugssache – und am 21. meldete sich nochmal das Arbeitsamt, weil er den Termin versäumt hatte. Der März verging wahrscheinlich genauso scheiße wie der Februar.

Am 1. April meldete sich die Neue Heimat bei Mama wegen Altschulden von 9.400 Mark. Am 13. April – drei Tage vor Bulles letztem Geburtstag – verließ Mama ihn heimlich. Später erzählte sie mir, dass sie alles schon Tage vorher geplant hatte. Morgens brachte sie noch heimlich ein paar Sachen zur dicken Petra im Nebenhaus, die wir schon aus der Obdachlosenunterkunft kannten. Bulle saß wie immer auf dem Sofa, als sie sagte, dass sie mit Yvonne kurz nach nebenan ginge, es war gegen Nachmittag. Sie ging, und er blieb sitzen – bis zum Abend, da wurde ihm wahrscheinlich langsam flau im Magen. Er ging rüber zu Petra, doch die konnte auch nur mit den Schultern zucken und ihm einen Brief von Mama geben. Zum Glück war Petra so wuchtig wie Bulle, vielleicht hätte er sie sonst gezwungen, ihm zu sagen, wo Mama ist. Ich habe ihm immer alles zugetraut, auch wenn er stets nur die besten Absichten verkündete. Schließlich hat er der über 70-jährigen Helene eine Ohrfeige verpasst! Und meinem früheren Kumpel Olli hat er ein blaues Auge geschlagen, nur weil der kein Feuer hatte. So was machte mir Angst. Und Mama auch, sie schrieb ihm: »Hallo, Dickes! Hab dir ja schon oft angekündigt, dass ich gehe, und zwar mit Yvonne. Zur Therapie hätte ich sie eh mitgenommen. Mit dem Jugendamt hab ich alles abgeklärt. Im Frauenhaus darf ich bis zur Therapie bleiben. Unsere Ehe war sowieso im Arsch, wenn ich nur an die ganzen Leute denke. Es ist schade, dass es so gekommen ist, hab auch tierische Angst vor dir, und das ist ja nicht unbegründet. Ich lasse dir fast alle Möbel, außer Yvonnes Zimmer. Papiere und paar Kleinigkeiten muss ich noch haben. Sei bitte am Dienstag um sieben bei Petra, ich werde dich dann anrufen. Yvonne geht es gut, hier sind auch viele Kinder. Machs gut, grüß Biggy und Spargel von mir, viele Grüße und Küsse von Yvonne. Gitti.«

Mama war natürlich nicht im Frauenhaus; das schrieb sie nur, um für ihn unerreichbar zu sein. Sie hatte einen neuen

Typen kennen gelernt, anders wäre sie auch nicht von Bulle losgekommen, und zog zu ihm in die Südstadt.

Am 17. April bekam Bulle eine Vorladung wegen Schwarzfahrens, am 18. hatte er noch eine Gerichtsverhandlung, die mit einem Strafbefehl endete. Mama erhielt am 23. noch eine Vorladung wegen eines Diebstahls bei Karstadt. Zwei Tage später wurde die Wohnung am Marktplatz 5 zwangsgeräumt. Bulle hatte sich schon ins Obdachlosenasyl nach Gleidingen verdrückt.

Der Zustandsbericht der Wohnung lässt auf einiges schließen; die Felder »renovierungsbedürftig« und »Ersatz« sind überall angekreuzt. Und wenn ich mit dem Protokoll der Endabnahme gedanklich durch die Zimmer gehe, kommt mir das kalte Grausen. Im Wohnzimmer war die Decke vergilbt, und die Wände wiesen große Flecken auf. Fußboden und Leisten waren in der ganzen Wohnung total verdreckt; Türen, Rahmen und Heizkörper waren vergilbt und abgestoßen, die Rahmen am Schließblech ausgebrochen. Fenster und Balkontür hatten große Löcher.

In meinem alten Zimmer waren Decke und Wände verschmutzt und vergilbt. Die Tapete war eingerissen und mit Kuli beschmiert (von Yvonne), auch hier wieder Beschädigungen an Rahmen und Schließblech. In Yvonnes Zimmer war es dasselbe, nur die Tür war noch heil, bei »Fenster« stand: vergilbt, verschmutzt, Löcher zumachen. Bei den beiden Fluren und der Essecke war es nicht anders.

Die Küche kurbelte meine Phantasie weiter an: Alle vier Herdplatten waren geplatzt, das Kochfeld und der Backofen nicht mehr zu reinigen. Die Decke war total vergilbt und fettig wie auch die Wände, die große Flecken aufwiesen. Fußleisten und Boden hatten Risse, waren verdreckt und übersät mit Brandflecken von Zigaretten. Die Schiebetür musste erneuert werden, und Spüle und Arbeitsplatte waren dreckig, fettig und hatten Schnittstellen.

Im Bad dasselbe: alles verdreckt und vergilbt; Emailleschäden in der Wanne, der Hahn am Waschbecken war undicht und der Sanitärschacht mit Pattex-Kleber (?) verschmiert, das Türblatt hatte Dellen. Im Klo musste der Spülkasten erneuert werden; Tür und Rahmen waren am Schließblech ausgerissen. Ich muss daran zurückdenken, wie ich auf dem Klo immer in den Spiegel guckte, beim Blecherauchen und später beim Ballern. Ich wollte immer *genau den Moment* mitkriegen, wenn sich meine Pupillen verändern: winzig werden vom Heroin oder riesengroß beim Koksballern – ich habe es nie geschafft, was mich noch mehr anspornte, es immer wieder zu versuchen.

Alle Schlüssel zu Haus, Wohnung und Keller fehlten, Schalter und Steckdosen waren in allen Zimmern beschädigt …

Nach meiner Verhaftung war es also nochmal richtig bergab gegangen – vielleicht hatten sie sich gegenseitig Vorwürfe gemacht wegen mir und allem, was sie sonst noch drehten. Dass alle Türen aufgebrochen waren – ich stelle mir vor, wie er sie durch die Wohnung gejagt und die Türen aufgebrochen hat, weil sie oder jemand anderer sich eingeschlossen und keinen Ton mehr von sich gegeben hat … Das große Loch in der Balkontür konnte ich mir auch nicht erklären. Was ist wirklich passiert? Hatten sie versucht, mir gegenüber noch einen letzten Schein aufrechtzuerhalten? Denn so war die Wohnung damals nicht; Brandflecken im Küchenboden hatte es ein halbes Jahr vorher auch nicht gegeben. Vor meinem geistigen Auge taucht Mama auf, wie sie gebeugt vor dem Kühlschrank steht und sich ihre heilige Scheiße aufkocht. Neben ihr ihr ständiger Begleiter, die Zigarette – auf den Rand des Kühlschranks gelegt, wenn sie den Ascher vergessen hat. In dieser Zeit schien ihr das Thema vollends aus der Hand geglitten zu sein und bildete nun komische Muster auf dem Boden. Im Nachhinein bin ich echt erstaunt über diesen rasanten Verfall – als ob ich das letzte positive Atom in diesem Desaster war, und mit dessen Wegfall brach der Rest vollständig zusammen …

Stufe 2

Am 10. April machte ich meinen Stufe-2-Antrag. Die erste Aktion als 2er war ein Besuch zusammen mit einem Stufenkollegen im Tante-Emma-Laden – was für ein Flash nach sechs Monaten! Alles so schön bunt hier! Ich kaufte mir einen runden Kuchen für drei Mark und trug ihn bis zum Haus auf dem Kopf. Ich wollte irgendwas zur Feier des 2er-Antrags und der ersten Lockerungen tun. Aber das Beste war, dass ich jetzt allein auf dem Zimmer Musik hören konnte – sogar unzensierte!

Bei Kay lief der Antrag nicht so glatt; er brauchte drei Anläufe, um 2er zu werden. Er traute sich mehr zu, als die Gruppe bei ihm sah – er war vor allem scharf auf die Vergünstigungen als 2er. Romans 3er-Antrag wurde im Januar sogar um einen Monat vertagt. Er neigte dazu, den dritten Schritt vor dem ersten zu tun, und wollte so schnell wie möglich durch die Therapie.

13. April: »Mummi Dust. Sie war schon immer da – dort im Nebel. Und sie war immer bei mir. Ich stieg zu ihr in den Nebel. Jetzt habe ich die Kraft, draußen zu bleiben. Meine Ohren habe ich taub gemacht, will meine Seele nicht mehr schreien hören. Habe Angst, ›diese Stimme‹ zu hören. Mein Leben war gefährlich, und ich muss auf mich aufpassen, jede Sekunde in der Zukunft – sonst renne ich zurück zu Mummi Dust.«

»Diese Stimme« hatte ich zum ersten Mal mit vier Jahren gehört, als ich eines Tages das Gefühl hatte, neben mir zu stehen, dann wieder, als ich das erste Mal Koks spritzte. Es war eine erwachsene, rauchige Frauenstimme, sie muss irgendwas mit mir zu tun haben – keine Ahnung was, denn groß erzählt hat sie mir nichts (das wäre ja auch noch schöner!). Manchmal dachte ich, dass diese Stimme der »Herrin« (Heroin) gehört, die uns alle verführen will, uns ihren warmen Mantel schützend überwirft, wenn wir ihrem Affen Zucker geben. Sobald wir aber damit aufhören, weil das Geld alle ist oder der Wille sich meldet, reißt sie uns den Mantel weg und lässt uns schutzlos in der Kälte stehen – und wir zittern vor ihrem eisigen Schweiß …

Say now baby, I'm a rank outsider –
you can be my partner in crime
(Rolling Stones, »Tumblin' Dice« –
das Lieblingslied von Jagger und mir)

Am 19. April hatten wir wieder eine Neuaufnahme aus Langenhagen: Detlef aus Berlin, der damit auf sich aufmerksam machte, dass er nix geregelt kriegte. Aber er hatte die Information, auf die ich gehofft hatte: Auf meine Frage, ob Leute aus Hannover in Langenhagen seien, erwähnte er einen Frank, den sie Jagger nennen. Ich flippte fast aus! Und als ich meinen Namen sagte, überbrachte er mir Grüße von ihm. Detlef meinte, Jagger habe noch neun Gerichtstermine offen und wolle es deshalb nochmal mit Therapie versuchen. Ein Angstgedanke weniger! Er saß sicher in Langenhagen und wartete auf den Abflug in sein neues Leben. Ich klammerte mich gedanklich wieder an ihn, verdrängte damit die stetige Traurigkeit über Sergio und hoffte, dass wir uns bald sehen könnten.

Dietrich erzählte, dass er Jagger kenne; er habe schon mal in Steyerberg einen Therapieversuch gemacht. Dietrich sah eines Tages, wie Jagger im Morgengrauen über die Wiese abhauen wollte, rannte hinterher und versuchte ihn zum Dableiben zu überreden. Jagger wollte aber lieber noch ein bisschen spielen und ein paar Runden auf der »tollen« Szene drehen.

Genau wie Roman – er brach am 21. April ab. Er war immerhin 3er und schon ein Jahr da. Ich dachte, ich hätte einen Draht zu ihm gehabt und es doch merken müssen, dass er so weit mit dem Kopf draußen war. Ich dachte, er wäre genauso eine Künstlerseele wie ich und wir würden nochmal voll das Riesenprojekt starten. Wieso wurden sie alle so kurz vor dem Ende schwach? Die paar Tage hätte er doch noch mitnehmen können – vielleicht hätte sich ja doch noch was geändert im Kopf. Ich hoffte, dass ich nicht so schwach war. Ich hatte mich voll und ganz auf die Sache eingelassen und wollte mit einigen Leuten den Weg zu Ende gehen – doch von den Leuten aus meiner ersten Zeit landete fast keiner mit mir in der Phase.

Am 26. April fuhren wir mit der Stufe 2 ins Kino nach Hannover. Kurz glaubte ich dort Rainer gesehen zu haben, aber es machte mir nichts aus. Ich hatte auch keine Abbruchgedanken, als ich die U-Bahn sah und meine Gedanken in Richtung Mama wanderten.

2. Mai: »Heute vor einem Jahr hat Mama mir vorm Connection gesagt, dass Sergio tot sei … Ich denke, das war der Knackpunkt, danach bin ich so richtig abgestürzt. Jagger wollte mich noch in den Arm nehmen; ich bin einfach weggegangen, hab mich nur noch dicht gemacht, bis man mich verhaftet hat – da bin ich aufgewacht. Bin heute mit Heike ins kleinere Dachbodenzimmer gezogen und schlafe zum ersten Mal seit Langem allein in einem Zimmer. Ob Jagger noch in Therapie ist? Ich wünsche es mir so.« Ich wusste

schon seit einer Woche, dass Jagger in das Haus nach Warfleth kommen sollte.

An diesem Tag wurden auch Thomas und Marina aufgenommen, ein Pärchen aus Göttingen, für die ich meine erste Patenschaft übernahm. Sie war das absolute Mäuschen und er ein Schnauzbart-Proll – er ging mir bald auf die Nerven mit seiner provokanten, uneinsichtigen Art.

Es war gut, ein Zimmer mit Heike zu teilen. Allerdings war sie superschlampig, aber auch eine echte Frohnatur, oder besser gesagt, sie überspielte ihre ganze Scheiße. Das führte auch dazu, dass sie ziemlich schnell nach ihrem 2er wieder zurückgestuft wurde, nach einer unglaubwürdigen Reflektion. Ein hartes Brot, wenn man die Vorzüge als 2er schon genossen hat. So oft schlief sie auch nicht mit im Zimmer, weil sie oft bei Holly pennte. Ich genoss es, brauchte meine absolute Ruhe, wenn das Programm fertig war. Ich wollte schreiben, in mich hinabsteigen – nach Gründen suchen, an Abgründen entlangschlendern, hinuntersehen, mich neu entscheiden, jeden Tag.

5. Mai: »Die Sonne scheint, und ich würde gern einen kiffen, aber wozu? Angst, dass mich die Sonne wegzieht. Es gibt mir Auftrieb, dass Jagger noch nicht abgehauen ist. Ich muss aber auch allein durchhalten.« 7. Mai: »Ich hoffe, du hältst durch. Ich bin im Moment an einem Punkt, wo ich nur noch durchhalte. Vielleicht sind es die Sonne und ihre Erinnerungen, die mich rausziehen, vielleicht ist es aber auch nur Schussgeilheit. Wenn ich nicht wüsste, dass du in Therapie bist, wäre ich vielleicht heute schon weg.«

Keine Ahnung, warum ich in diesen Tagen mit dem Kopf so weit draußen war, das führte auf jeden Fall zu anderen komischen Träumen. 8. Mai: »Ich sollte Mama was fertig machen und es ihr bringen. Ich hatte eine ganz volle kleine Pumpe und sollte den Inhalt in eine 20 Zentimeter lange umfüllen, die kleine wurde nicht ganz leer. Mir war die ganze Zeit klar, dass ich mir davon nix wegmache. Meine Abszessnarben waren schwarz und verfault. Ich war mit irgendwem aus der Therapie auf einem großen leeren Spielplatz; Mama war nicht da. Ich wurde dann aber doch gierig und beschloss, mir den Rest wegzumachen. Ich haute mit der Nadel einfach irgendwo in den Arm, und das Blut lief neben der Ader raus; ich versuchte nochmal zu treffen, aber die Nadel verbog sich zu einer Spirale.«

Am 8. Mai brach auch Andrea ab – nun hatten wir Angst, dass Helmut es ihr nachmacht, aber er blieb erst mal. U2 und Ela hatten sich schon in die Phase verabschiedet; es war ein einziges Kommen und Gehen – ich gewöhnte mich fast daran.

Um Jagger möglichst bald wiederzusehen, organisierte ich ein Fußballturnier mit zwei anderen Häusern. 12. Mai: »Habe gestern mit Kayhausen, Warfleth und Steyerberg telefoniert. Der Typ in Kayhausen sagte auch gleich, dass er es gut finde, dass ich noch hier sei (›Ah, Silvana! Hier ist der Karsten, ich hab unten immer die Pullis verkauft!‹ – Hä?). Das Haus konnte an dem Turnier nicht teilnehmen, aber er erzählte, dass Markus in drei Wochen mit seiner Therapie fertig sei und dass ich mich ja schon auf das Turnier freuen könne, weil Jagger letzten Dienstag nach Warfleth gekommen sei. Es macht mich unsicher, dass die ganze Gruppe so gespannt auf Jagger ist.«

Aha, Markus war also damals in Kayhausen gelandet, und er war sogar schon fertig. Ich dachte, er sitzt im Knast oder ist gestorben. Ich freute mich und sah mich schon mit meinen alten Freunden ein neues Leben beginnen: »Ich denke oft an die Story mit den Überdosen/Pulsadern – alle drei immer zusammen, und dann unabhängig voneinander, an verschiedenen Plätzen, wollte sich jeder von uns irgendwie wegmachen. Und jetzt sehen wir uns alle in Therapie – clean – wieder. Super!«

Ich organisierte das Turnier fast alleine, dank Stufe 2 durfte ich telefonieren und klärte die ganzen Namen in den Häusern ab; wenn jemand mit einem aus dem anderen Haus ein Problem gehabt hätte, dann wär das Turnier gestorben. Aber zum Glück gab es keine Probleme. Ich legte eine Energie an den Tag, dass mir schwindelig wurde – es war erst mal die einzige Möglichkeit, Jagger schnell wiederzusehen, abzuchecken, ob wir uns noch mögen oder durch die Droge total verblendet waren.

Am 16. Mai bekamen wir noch Zuwachs von Björn aus Bremen, einem etwas prolligen Typen, der jünger war als ich und bald mit Patrizia zusammenkam.

Sabine brachte mir einen Großteil meiner Sachen aus der Heesestraße: Fotos, Kassetten, Platten, persönlicher Kram und zwei blaue Säcke mit Stofftieren – die erst mal alle gefilzt und gewaschen wurden. Tom und Kay waren etwas genervt, weil doch einiges an Scheiß dabei war, zum Beispiel eine Haschpfeife, die wir gleich wegschmissen. Dass wir Spritzen finden, brauchten wir nicht zu befürchten, denn die waren zu der Zeit in der Heesestraße bei mir noch nicht angesagt. Meine Morrison-Flagge, die ich mir immer vors Fenster gehängt hatte, verbannte Dietrich erst mal auf dem Kofferboden. So ein Junkie sei hier auf Index, und ich solle mich mal von so einer Drogenmusik lösen! Ich hatte Morrison nie als Junkie gesehen, eher als Alki und Acidhead.

17. Mai: »Es ist 23:45 h, werde gleich pennen. Habe heute meine ganzen Fotos bekommen, die von Bulle hab ich erst mal im Team gelassen, auch die, auf denen Mama so breit aussieht. Denke viel an dich, hab von Sabine gehört, dass du dich von Bulle getrennt hast und Yvonne im Heim ist. Dietrich erzählte, dass du bei der STEP auf der Warteliste stehst und Therapie machen willst. Nächsten Freitag ist das Turnier (Jagger!), und ich fühl mich so dick.« Die neuen Infos hatten einen Wirbelsturm in mir ausgelöst. Ich hatte echt gedacht,

wenn ich hier fertig bin, fahre ich zum Marktplatz 5, sechster Stock, und sie haben sich inzwischen auch gefangen, und Yvonne kann schon reden, und alles ist gut! Ich konnte meine Gedanken kaum stoppen: Wo war Mama jetzt? Und Bulle? Ich sah sie nicht mehr vor meinem geistigen Auge in der Wohnung sitzen – ich sah sie gar nicht mehr, sah nur irgendwas rumkrepeln am Rande meines Bewusstseins …

Einen seltsamen Brief brachte Melanie mir eines Tages von ihrem Nachbarn Olaf mit, einer Glatze: »Hi, Silvana! Na, wie schaut's aus? Ich schreibe im Auftrag von Olaf. Ich finde es toll, dass es dir jetzt besser geht. Ich will, dass du es durchhältst. Auch wenn ich in deinen Augen nur eine ›Scheißglatze‹ war, wünsche ich dir für dein Leben alles Gute. Wir denken an dich – Olaf & Bianca. PS: Es betrifft auch noch andere Hannover'sche Glatzen, die dich rausholen wollten, weil sie dich auch abkonnten. Ich hoffe, dass du die so genannten Glatzen mit anderen Augen siehst!« Davon hatte ich nun aber wirklich nix mitbekommen, dass mir die Glatzen »helfen« wollten. Sie hatten mir doch nur Stress gemacht!

Das Fußballturnier

Am 25. Mai fuhren wir mit den beiden gelben Bullis nach Steyerberg. Ich war so nervös und aufgeregt wie lange nicht mehr. Erst mal traf ich da Britta wieder, sie war 1983 oft bei uns gewesen und hatte Mama mit den Zwillingen geholfen. Sie war also auch so weit nach unten gerutscht, dass sie in Therapie musste; sie war mit ihrer kleinen Tochter da. Ich freute mich über ihr vertrautes Gesicht.

An die Spiele erinnere ich mich nicht mehr, nur daran, dass ich Jagger erst später im Haus richtig sah. Er saß ziemlich cool auf einem Stuhl und grinste leicht unsicher, ich auch, wir umarmten oder berührten uns nicht und redeten über irgendwas Banales. Wie ich das Treffen wirklich empfunden hatte: »Heute habe ich dich das erste Mal seit letzten September wiedergesehen – und das erste Mal mit cleanen Augen. Ich wurde ganz starr und laberte so in der Gegend rum. Ich denke, du hast dieselbe Unsicherheit wie ich gespürt. Wir hatten ja auch eine intensive Geschichte zusammen, ich hab dich immer noch total gerne und will dir so viel erzählen. Wir treffen uns wieder, spätestens wenn ich in der Phase bin. Ich hoffe, du bekommst es geregelt, den Kontakt zu mir abzuklären.«

Jagger war erst seit Kurzem in der Therapie, da hatte er noch nicht viel Spielraum; wir konnten uns kaum allein unterhalten, mit über 80 Leuten in Haus und Garten. Ich wollte ihn über Mama ausfragen, traute mich dann aber nicht, es war alles etwas steif zwischen uns. »Scheiße, dass wir so abgerutscht sind. Ich bin mir unsicher, ob er noch was mit mir zu tun haben will. Aber wenn ich an die Blicke denke – Mann! Manchmal hatte ich das Gefühl, dass er gar nicht mehr hört, was ich sage, sondern mich nur noch anstarrt.«

Meine Geduld wurde arg auf die Probe gestellt, ich musste noch Wochen oder Monate warten, bis er den Kontakt zu mir, seiner Drogenbeziehung, abgeklärt hatte und endlich schreiben durfte. Ich hatte ja immerhin ein halbes Jahr Therapievorsprung und durfte Mama auch noch nicht schreiben!

Ich bekam meinen ersten Brief von Papa, nachdem ich mich am Vatertag das erste Mal wieder gemeldet und ihm ein paar Fotos von mir geschickt hatte. Es war ein kleines Wunder für mich, in den Knast hatte er mir nicht geschrieben. 27. Mai: »Hallo, Töchterchen! Ich muss dir ein Kompliment machen, siehst sehr erholt und gut aus. Hier läuft alles so wie bisher. Dass du viel malst, finde ich gut, da hast du was um die Ohren.

Ich freue mich, dass du clean bist, bleib BITTE so. Am Freitag war ich mit Günther beim Café Connection, muss mal nachforschen, was mit deiner Mutter ist, ob sie nun Entzug macht. Biggy hab ich gestern auch getroffen (schlimm, schlimm). Betrachte gerade das Bild, wo du in deinem Zimmer auf dem Bett sitzt. Mäuschen, versuch mal, dass ich dich besuchen kann, und schreib, was du brauchst. Schicke dir Fotos mit, haben wir eben gemacht. Gruß von Günther, er kämmt sich gerade die Haare (lang und grau), dass er vernünftig aussieht auf dem Bild. Viele liebe Grüße von der Mannschaft, bleib sauber! Dein Vater.« Ich war richtig gerührt!

Mama schrieb am 29. Mai: »Sei nicht allzu traurig über das, was jetzt kommt: Yvonne musste ins Kinderheim, weil ich vier Wochen im Krankenhaus war und keinen für sie hatte. Der Dicke wohnt jetzt mit Spargel in Gleidingen, weil wir aus der Wohnung mussten – nicht wegen Mietschulden; die haben Uwe und einen, den du nicht kennst, bei uns tot rausgeholt. Ich denke viel an dich und mache mir eine Menge Vorwürfe. Ich werd es packen, denn etwas möchte ich auch noch leben. Schreib doch mal zurück, bitte.«

Ich schrieb nicht, weil ich die Kontaktsperre zu Junkies sehr ernst nahm, auch wenn es Mama war, oder gerade deswegen. Sie tat mir Leid, ich hätte ihr gern etwas Gutes erzählt, sie besser draufgebracht. Allein der Kontakt hätte ihr vielleicht geholfen, aber nun war sie total haltlos: Bulle nicht mehr wichtig, Yvonne weg, ich schon lange – da konnte man sich so richtig schön treiben lassen. Nichts hatte sich geändert, nur in ihrer Vorstellung; die Bühne (Wohnung) hatte sich geändert und auch der neue Hauptstatist, er hieß Herbert, ein Widder (wie Bulle) mit Helfersyndrom. Aber ich wollte mich nicht selbst gefährden. Wenn ihr der Kontakt vielleicht geholfen hätte – mich hätte er eher deprimiert.

Mein ganzes Leben mit ihr machte mir im Nachhinein mehr zu schaffen, als ich es gedacht hätte. Bildlich gesprochen: Auf einer grauschwarzen Fläche, die von einigen bunten Schattenflecken durchzogen ist, schimmert irgendwo ein goldener Fleck – der symbolisiert die gute Zeit mit ihr. Der Rest liegt im Dunklen. Aber auch heute, da ich weiß, wie alles endete und dass ich fast daran verreckt wäre, kann ich nicht sagen, dass ich damals lieber im Heim gelebt hätte. Ich habe die Nähe meiner Mutter immer vorgezogen, da war ich eben zu Hause. Im Heim hätte ich mir mit anderen Mädchen ein Zimmer geteilt, hätte mich nach Regeln richten müssen, hätte vielleicht unsympathische Heimleiter gehabt, oder sie wären mir so sympathisch gewesen, dass ich sie mir gleich ganz als Elternteil gewünscht und eifersüchtig belagert hätte. Nein, ich wollte bei Mama sein, egal was das bedeutete. Und: Wenn man im Scheißhaufen sitzt, sieht es gar nicht so schlimm aus; erst wenn man draußen ist, erkennt man den Hucken.

Ich klärte zu Markus in Kayhausen den Briefkontakt ab, er schrieb mir am 30. Mai zurück: »Ich hab noch drei Wochen hier im Haus. Die Phase ist ein Dreckloch, werde trotzdem das Beste draus machen. Ich fühle mich sauwohl, bin gesund und nicht tot (scheiß Gerüchte). Ich bin der Meinung, dass ich diesmal ganz gute Karten habe für einen Neuanfang, doch das Schwierigste kommt ja erst. Ich weiß, dass es wie in den letzten Jahren nicht weitergehen kann, es wird jetzt auch Zeit. Liebe Silvana, ich wusste, dass du in Völksen bist, seit Burkhard hier ist; er hatte einen Pullover an, auf dem dein Name stand. Ich fände es richtig, wenn du nicht mehr nach Hannover willst. Ich glaube, wenn ich zurückgehe, wäre das mein Rückfall. Auf Infos bezüglich deiner Mutter würde ich nicht so viel geben. Es wäre schön, wenn sie den Absprung schafft; ich würde es aber erst glauben, wenn sie wirklich da ist. Mit Jagger und dir sind jedenfalls zwei Leute in Therapie gegangen, die ich sehr mag.«

 Er hörte sich so straight an, dabei war er damals die

schlimmste Pillenbirne von uns allen gewesen, er schluckte alle möglichen Teile, von denen sogar Jagger und ich die Finger ließen. Nun war er clean, klar in der Birne! Ich konnte dieses neue Bild noch gar nicht realisieren, ich musste ihn bald mal sehen. So, wie es aussah, würde ich in Kayhausen ein dreiwöchiges Hauspraktikum machen und, falls ich mich da wohl fühle, nach Oldenburg ziehen.

Am 5. Juni bekamen wir in Völksen einen anonymen Anruf. Ich dachte natürlich gleich, das sei Bulle gewesen, und schob wieder voll den Film! Ich dachte immer, er würde mich mit harten Drogen bezirzen und von mir naschen wollen – er war ja nicht mehr mein Stiefvater, wenn er nicht mehr mit Mama zusammen war. Leider bekam ich die Karte, die er mir schon Ende November nach Völksen geschrieben hatte, erst ein halbes Jahr nach der Therapie – ein kleiner, grober Fehler, ohne den ich mir viel Angst hätte ersparen können. Er schrieb: »Mein geliebtes Muckelchen! Auch ich möchte dir heute kurz ein paar Takte schreiben, denn du fehlst mir, Mutti und deiner kleinen Schwester. Du bist und bleibst unser kleiner Liebling, und das wird immer so bleiben. Wir wünschen uns, dass du die Entgiftung auf die Reihe bekommst und danach auch nicht mehr rückfällig wirst, das ist unser größter Wunsch. Aber ich glaube, dass du es diesmal schaffst. Bitte versuch alles, damit du von der Droge wegkommst, denn du bist ein süßes Mädchen, und es wäre schade, wenn du dadurch kaputtgehen würdest. Du bist noch so jung und hast noch dein ganzes Leben vor dir. Du bist unser kleiner Augenstern. Für heute liebe Grüße und Küsse von deiner Mama, Yvonne und deinem Bulle. Grüße auch von Uwe und deinem Papa und halt die Ohren steif. Bis bald, in ewiger Liebe, deine Familie.«

Seine Zeilen gingen mir damals ziemlich nahe, und ich schämte mich im Nachhinein für so manchen Gedankengang.

Am 6. Juni brach der muffelige Uwe ab, es war mir egal. Ich klammerte mich in Gedanken wieder an Jagger, konnte es kaum erwarten, das Haus zu wechseln, und verabschiedete mich innerlich von Hannover. Thomas und Evelyn, meine Lehrer aus der STEP-Schule, kamen zu Besuch. Ich war richtig stolz zu erzählen, dass ich schon über sieben Monate in Völksen war.

Nebenbei kam ich in Stufe 2b, das geschah nach einer gewissen Zeit in der Stufe 2 immer per Ansage am Tisch, wenn niemand aus der Gruppe was dagegen hatte. Nun stand meine erste Fahrt allein nach Hannover auf dem Plan.

Flashback (die Bauwagenaktion)

15. Juni: »Es ist 12 Uhr, nach dem Mittagessen fahre ich nach Hannover. Ich bin so aufgeregt! Papa hat mir das Foto von Jagger und mir geschickt, total gut. Ich sehe auch, wie ich mich verändert habe. Oh Mann, bin ich aufgeregt!« Das Foto zeigte uns im Christen-Bauwagen am Raschplatz – wir hatten uns gerade Sonnenbrillen geklaut und präsentierten sie den Christen. Ein Typ machte über zehn Fotos von uns, von denen ich nur zwei bekam, darunter das, wo wir unter dem großen Holzkreuz sitzen, Jagger in meinem Arm, und der Löffel guckt ihm noch aus der Jackentasche. Mann, sahen wir da cool aus …

Zu meiner Schande muss ich gestehen, dass ich den Bauwagen damals aufgebrochen habe, als ich keinen Pennplatz und noch einen Freier im Schlepptau hatte. Es war im Sommer, und es wurde schon hell; ich riss einfach die Fensterflügel ab und schob die Scheibe auf. Der Typ half mir beim Reinklettern und kam hinterher. Er hatte voll die Muffe, obwohl ich ihm immer versicherte, dass ich die Leute hier kenne und dass alles O.K. sei. Wir versuchten auf der schmalen Holzbank noch einen Orgasmus hinzukriegen, aber er bekam keinen mehr hoch; vielleicht hatte er Angst vor dem Fegefeuer, wenn er in dem aufgebrochenen Christenwagen mit mir schlief. Wir legten uns dann so hin und dösten ein. Als ich vormittags aufwachte, es war ein Sonntag, nahm ich alles, was ich tragen konnte, u.a. die Doppelkaffeemaschine und die Gitarre, und tauschte es auf dem Raschplatz gegen Shore ein – damit war der öde Sonntag gerettet! Ein paar Tage später war ich sogar nochmal im Bauwagen, trank Tee und hörte mir entrüstet die Einbruchsgeschichte an und bedauerte den Verlust der neuen Doppelkaffeemaschine. Ich war so abgewichst, dass ich solche Aktionen sehr gut von mir abspalten konnte – denn das hatte die andere Silvana gemacht …

In dem Brief, mit dem er mir das Foto geschickt hatte, schrieb Papa: »Hallo, Tochter! Freue mich, dass du ausgelastet bist, hast ja geschrieben, dass ihr viel unternehmt. Montag war deine Mutter kurz hier. Ich weiß auch nicht mehr, was ich von ihr halten soll, muss sie selber wissen. Hauptsache, du bleibst sauber. Wenn es klappt mit Oldenburg, schreib früh genug. Heute Abend sehe ich mir das Abschiedskonzert von The Band, mit Bob Dylan und Van Morrison, im Fernsehen an. So, Mäuschen, wenn was ist, ruf an. Viele Grüße von Leuten, die an dich glauben. Kuss, dein Vater.«

Clean in Hannover

Ich hatte ein echtes Abenteuergefühl in mir, als ich im Zug saß. Je näher ich dem Bahnhof kam, desto nervöser wurde ich – und nicht, weil ich Angst hatte, rückfällig zu werden.

Ich wusste, dass man es nicht *werden* kann, dass man es *selbst* macht; es fällt einen ja nicht an wie ein Virus – nur ich habe die Macht, Nein zu sagen. Vielmehr machten mir die alten Leute zu schaffen, ich wollte nicht mit ihnen gesehen werden, damit die Therapeuten nicht dachten, dass ich mit denen Geschäfte mache. Am liebsten hätte ich mir ein neues Gesicht aufgesetzt.

Der Zug hielt, und ich stieg in ein altvertrautes Bild. Ich redete mir ein, dass alles ganz normal sei und dass ich jetzt ganz normal durch den Bahnhof zur Haltestelle gehe – und versuchte mich nicht zu auffällig umzugucken. Zum Glück hatte ich ein Ziel – ohne kommt man auch nicht aus dem Haus –, ich fuhr in die Phasenwohnung in der Südstadt.

»Jetzt bin ich wieder hier. Ich hab mir fast den Hals ausgerenkt – aber ich hab dich nicht gesehen, vielleicht auch besser so. Als ich die anderen Leute sah, merkte ich, dass ich zu denen keinen Bezug mehr habe. Nicht die Stadt hat sich geändert, sondern ich. Klar, als ich aus dem Zug gestiegen bin, hatte ich schon ganz schön Muffe, und als ich die Punks da sitzen sah, wollte ich auch gleich hin – eben so wie früher. Zum Glück saßen Sancho und Def nicht auf der Treppe, sonst wäre ich hingegangen. Als ich in der Bahn saß, hab ich Softie auf einem Rad gesehen. Ich hab voll Bock ihm zu schreiben. – Nachts: Ich merke, dass ich keine Lust mehr auf Hannover habe. Ich kenne jede Ecke, ich kann mit der Stadt nix mehr anfangen, ich kenne sie zu gut von der anderen Seite, von meiner anderen Seite. Ich bin so froh, dass ich hier bin. Ich kann da nicht mehr leben. Nicht mit meiner Geschichte – es war alles kein Traum, aus dem ich gerissen wurde, das war alles wirklich wahr; auch das Raschplatzklo war dasselbe, und einige Fratzen sahen noch fertiger aus. Ich werde da nicht mehr leben, es würde mich kaputtmachen.«

Ich klärte den Briefkontakt zu Softie ab, Dietrich fragte nach, und ich erzählte, dass er früher neben mir in der STEP-

Schule gesessen und ich von ihm mein erstes WG-Zimmer vermittelt bekommen hatte. Dietrich lachte laut los: »Der ist mal bei mir eingebrochen und hat mir meine Kamera geklaut! Er stand plötzlich in der Wohnung – er war einer der ›Freunde‹ meiner Stieftochter.« Na ja, damit hatte sich der Kontakt wohl erledigt, dachte ich. Aber Dietrich meinte, wenn Softie clean sei, hätte er kein Problem damit, dass ich ihm schrieb!

Ich malte schon seit Dezember auf alten Spanplatten aus der Werkstatt; das erste Bild schenkte ich Holly, etwas Buntes für sein Zimmer! Aus einem machte ich mein Stufe-2-Projekt. Das wurde von jedem verlangt, man sollte sich was fürs Haus überlegen. Mein Bild zielte auf das Gruppenverhalten ab – besonders bei Tisch, wenn alle voll gierig nach dem Essen grabschten. In den bunten Hintergrund hatte ich eine Gabel und Stacheldraht hineingearbeitet. Unten in der Ecke spritzt einem das Hirn aus den Ohren. Links ist ein supercooler Clown mit langem Haar zu sehen, er stellt den Gruppenkasper dar. Das Bild hängt heute noch da.

Das Malen machte mir so viel Spaß, dass ich in Gedanken schon Ausstellungen plante. Aber erst mal wurde ich krank. 18. Juni: »Möchte einfach nur so vor mich hindämmern – alleine. Mein Kopf fühlt sich an wie Matsch. Auf der Kassette ist ein Echo. Will zu meiner Mutter, will aber nicht ihre Spritze. Ich hoffe, sie macht Therapie – sonst sehn wir uns nie? Ich werde immer ›krank‹ bleiben. Ich hab mich wieder. Ich bring es zu Ende.«

Ich hatte in der Gruppe abgeklärt, dass ich Mama – trotz Kontaktsperre – eine Karte zum Geburtstag schreiben durfte. Abends am 22. schrieb ich ihr: »Gleich hast du Geburtstag, die Kerze hab ich schon angemacht. Ich habe gehofft, dass ich dich heute auf der Fahrt zum Opernhaus sehe, wir sahen uns ›Love or War‹ an. Hoffentlich bekommst du die Karte bald. Hoffentlich bist du jetzt nicht so breit. Ich hoffe, du machst dich nicht weg, bevor es mit der Therapie losgeht. Ich habe Angst, dass das wieder nur eine Show von dir ist … Weiß nicht, was ich glauben und was ich denken soll. Will dich fragen, warum – will wissen, was passiert ist, was mit dir los ist. Will mich bei dir wohl fühlen, so wie Mutter und Kind eben sein sollten, wenn sie zusammen sind und sich nicht das Hirn wegschießen … Wir haben ganz schön viel Scheiße gemacht. Wir waren Verbündete, wir waren scheiße – MAMA! Es ist 00:00 Uhr – dein Geburtstag. Happy Birthday, ich hab dich ganz doll lieb – immer! 10 000 Küsse, deine Tochter.«

Die nächsten beiden Tage klinkte ich mich aus dem Programm aus. Ich hatte das Gefühl, dass ich irgendwas falsch machte in meiner Therapie, fühlte mich von einigen Leuten da zurückgelassen, war misstrauisch und einzelkämpferisch unterwegs. Am 26. machte ich mit Dietrich ein Einzel darüber; ich zeigte ihm meine Aufzeichnungen über meine Rückfallpunkte: Schussgeilheit, Einsamkeit, Verzweiflung, Traurigkeit, Wut und Hass nicht zeigen können, hart wirken wollen, allen zeigen, wie stark ich allein sein kann.

Am 27. Juni bekam ich meinen ersten offiziellen Brief von Mama: »Liebe Silvana! Letzte Woche war ich bei deinem Vater, er verkündete ganz stolz, dass *seine Tochter* ihm geschrieben hat. Es hat mich ganz traurig gemacht. Oder kann es sein, dass du mir nicht schreiben darfst, weil ich noch nicht clean bin? Aber was ist dann dein Vater? Der säuft noch mehr als früher, er ist auch suchtkrank, aber wahrhaben will er es nicht. Fahre heute wieder zu Yvonne; wenn ich da wegmuss, bin ich immer voll fertig. Ich frage mich, warum das alles so kommen musste? Die Scheidung werde ich von der Therapie aus einreichen. Ich hoffe ganz doll, dass du mir zurückschreiben darfst. Bitte schick mir eine Nachricht, ich vermisse dich. Yvonne sagt immer noch ›Nana‹. Sei lieb umarmt und geküsst von deiner Mama.«

Meine Eltern buhlten um meine cleane Gunst wie kleine Kinder. Ich wollte Mama unbedingt mal richtig schreiben, und nachdem ich ein Einzel mit Dietrich gemacht und in der Therapiestunde und Großgruppe alles so weit abgeklärt hatte, wurde es mir endlich erlaubt. Die Beziehung zu ihr ließ mir keine Ruhe, es war mein absolutes Hauptthema; es war so zermürbend und müßig, vor allem, weil ich mit ihr selbst nix klären, es nur mit Fremden zerreden konnte und letztendlich allein blieb mit meinen Gedanken: »Sitz hier in meinem Fenster, der Blitz macht alles ganz hell. Ein Zug fährt vorbei. Es regnet. Ich rauche. Höre Musik. Denke an das, was kommt. Was passieren kann. Denke an Mama. Sie macht mich traurig. Und sie weiß das auch, glaube ich. Denke an den Hauswechsel, mein nächster Schritt nach vorn. Denke an Markus, an Jagger, bin traurig und hoffnungsvoll. Will sie alle wiederhaben, die ich zeitweise verloren hab. Silvana is back in life ...«

Mit meinen Gedanken war ich nur noch bei den alten Leuten, auch wenn ich die im Haus gern mochte, aber mit ihnen hatte ich nichts zu klären. Außerdem orientierte ich mich in eine andere Stadt, denn endlich hatte ich eine Zusage für Kayhausen.

5. Juli: »Meine letzte Nacht hier für drei Wochen. Bin gespannt auf Markus. Mama ist in Langenhagen. Roman hat sich wieder hier beworben. Ich höre das erste Mal seit über einem Jahr wieder Hermann Brood. Ich fühl mich gut! Werde morgen um fünf aufstehen, den letzten Morgen hier genießen.«

Sabine und Heike brachten mich ins Therapiehaus Kayhausen in Oldenburg, meine erste richtige Hoffnung auf ein cleanes Leben ohne vorbelastete Plätze oder Personen. Das Haus lag im Grünen am Ende eines langen Weges und war recht hutzelig, aber sehr schön mit einem fetten Garten.

Als Erstes lief mir Karsten über den Weg, mit dem ich wegen des Turnieres telefoniert hatte. Jetzt erkannte ich ihn wieder: ein kleiner, dünner Typ, der auf der Szene immer mit einer Riesentasche rumgehetzt war. Und ich sah Biafra wieder – ich hatte gedacht, sie wäre über den Jordan gegangen. Den Namen hatte sie von Mama und mir bekommen, weil sie dermaßen dürr war. Nun war sie so dick, dass ich sie erst erkannte, als sie mich ansprach. Eigentlich hieß sie übrigens Angela.

Flashback (die Koksaktion)

Biafra hatte ich fast täglich auf dem Raschplatz gesehen; sie ging mit Mama zocken. Einmal waren wir in der Kniestraße bei Hose, einem dealenden Altpunk. Mama ging mit ihm das Geschäftliche regeln, während ich mich mit Biafra ins Wohnzimmer setzte; sie wartete darauf, dass Mama ihr Shore abgab. Ich wollte mir einen fetten Koksdruck wegmachen und ging in die Küche, in der drei bunte Köpfe saßen, um mir ein großes Glas Wasser zu holen. Zurück auf dem Sofa zog ich ein bisschen Wasser in die Spritze und vermischte es mit einem ziemlichen Haufen Koks, dann legte ich die Spritze auf den Tisch und ging nochmal raus, weil ich meinen Gürtel vergessen hatte. Als ich keine Minute später wiederkam, lag die Pumpe leer auf dem Tisch.

Erschrocken sah ich Biafra an – sie mich auch. »Hast du dir das etwa weggemacht?«

»Nein, wieso – warst du noch nicht fertig? Ich dachte, das sei nur Wasser, und hab's ins Glas gespritzt …«

Ich nippte dran, und es schmeckte verflucht bitter. Ich war voll genervt! So viel Wasser, wie in dem Glas war – da saß ich ja morgen noch hier, wenn ich mir das wegballern wollte! Ich trank es auf ex und merkte nur eine Spur von dem, was ich eigentlich merken wollte. Biafra saß verschüchtert in der Sofaecke, als ich sie zur Sau machte. Wie doof war sie eigentlich! Da war doch nicht mal Blut an der Nadel!

Mama kam rein, fragte, was los sei – ich klärte sie auf. Sie war belustigt – Koks interessierte sie nicht weiter – und kochte uns »Friedenspulver« auf. Biafra war danach so dicht, dass ich ihr auf dem Weg zur Bahn das ganze Geld klaute, es waren ein paar Hunderter, die ihr halb aus der Jackentasche hingen; ich brauchte schließlich neues Koks!

So traf man sich also wieder. Plötzlich saßen alle in Therapie, es war voll der Trend. Biafra hatte eine lesbische Beziehung mit Ellen, einer unscheinbaren Frau. Ich flachste von Anfang an mit Gundo rum, einem dünnen, älteren Typen mit Brille. Er war auch am 2. November in Therapie gegangen.

Am ersten Tag war ich total unsicher, verzog mich aufs Zimmer. Eine Therapeutin zeigte mir das Haus. Auf den Fotos im Flur erkannte ich Charlie, meinen zweiten »Stiefvater«, wieder. Ich war belustigt – die Therapeutin nicht; sie meinte, er sei vor Jahren mal mit der Gruppenkasse abgehauen. Sie fragte nach Zappel, ich konnte nur bestätigen, dass er mein erster Stiefvater war. Auch er war schon mal mit der Kasse verschwunden. Daraufhin verordnete sie mir erst mal eine Urinkontrolle; das wiederholte sich dann jede Woche, ohne Grund. Ich nahm es belustigt hin, aber trotzdem: Was konnte ich für den Scheiß meiner Stiefväter? – Die Therapeuten waren nicht sehr sympathisch, sie wirkten, als ob sie das Leben nur aus Büchern kannten; aber vielleicht war ich auch zu anspruchsvoll geworden nach den »Elite«-Therapeuten aus Völksen.

An die Therapiestunden kann ich mich nicht erinnern. Aber in den drei Wochen war ich extrem schussgeil, ich fühlte mich gar nicht wohl da. Es war nur eine kleine Gruppe, aber nicht meine; auch wenn sie alle nett waren und ich mit Karsten und Angela vertraute Gesichter hatte. Mit Karsten machte ich auch am meisten, er spielte mir Musik vor, die ich noch nicht kannte, wie z. B. Foetus, und ging mit mir zum Moor. Wir hockten nachts zusammen, tranken Tee und redeten uns den Teufel aus dem Leib; er war mein Vertrautester dort – ich weiß nicht, was aus ihm letztendlich geworden ist.

Fast jeden Tag rief jemand aus Völksen an. Ich bekam den ersten Brief von Softie: »Endlich! Da hat sich der Softie aber wirklich gefreut, ein Zeichen von dir zu bekommen! Schließlich warst du ja eine Zeit lang wie meine kleine Schwester, die ich irgendwie zu beschützen hatte. Aber du weißt ja selbst, dass ich dir nur bis zu einem gewissen Punkt beistehen konnte, denn für oder gegen Junk war einzig deine Entscheidung. Ich konnte dir nur beschreiben, was ich damit erlebt hatte und warum ich aufhören wollte. Trotzdem war ich ganz schön traurig, als du genauso abgefuckt wurdest, wie Junks nun mal sind. Und nun das. Therapie! Woher kam der Schub? Darfst du eigentlich mit mir korrespondieren, wo ich die Therapie doch gleich zwei Mal abgebrochen habe? Andererseits muss jeder seine Erfahrungen machen und rausholen, was geht. Nur wenn du selber aufhören willst, kannst du aufnahmebereit sein. Dann kannst du auch so wie ich in Hannover leben, denn die Droge findest du überall, wenn du sie suchst!«

Um mir Geborgenheit zu vermitteln, kochte ich mir heiße Milch mit Honig – Muttermilch. Morgens um sechs stand ich auf und setzte mich allein in den Gruppenraum mit meiner Milch. Ich dachte an Mama; ich wusste nicht, dass sie zu der Zeit fast durchdrehte und deshalb in der Klapse war – und nicht etwa, weil sie entziehen wollte. Meine komische Sehnsucht wurde durch das letzte Treffen mit ihr verfälscht. Dieser letzte geborgene Augenblick – ich klammerte mich an das Bild, wie ich bei ihr im Arm liege; alles hatte sich gut angefühlt, es war die absolute Sicherheit, mir konnte nichts mehr passieren … So vertraut war ich mit Mama seit Jahren nicht gewesen.

Brainstorm

Am Sonntag, den 15. Juli, saß ich im Garten mit den anderen und driftete voll in meine Koka-Phantasien ab. Ich wollte sie beim Schlafittchen packen, damit sie mich endlich in Ruhe ließen; durch Verdrängung ging es gar nicht, also ließ ich alles zu:

»Mama Cocaine – du bist wie meine Mutter, mir wird schlecht, wenn ich mit dir zusammen bin. Du versetzt mich in Panik, aber ich will dich trotzdem durch meine Venen jagen – bis du in meinem Kopf explodierst und ich dieses angenehme Rauschen draufkriege und anfange, mit den Zähnen zu knirschen … Jagst durch meinen ganzen Körper – und plötzlich ist alles vorbei. Ist mir schlecht, und mein Herz rast so schnell, dass es anfängt zu stolpern. Ich habe Panik – Verfolgungswahn! Ich gehe schneller, schwitze Blut und Wasser – irgendwann bleib ich stehen und merke, dass auch diesmal niemand hinter mir her war. Ich fühl mich etwas besser und suche mir wieder ein stilles Örtchen, um dieses kurze angenehme Rauschen nochmal zu spüren … Du bist immer noch in mir, in meinem Blut. Deine Schwester [Heroin] hab ich ausgelebt; habe ich sie besiegt – oder ist sie nur uninteressant geworden? Damals, diese eindringliche, flüsternde, grinsende Stimme, als wir das erste Mal zusammen waren – danach bin ich so derbe ausgerutscht und nur noch gefallen. Ich hab nach dir geschrien, im Knast, hab dich angeschrien, wollte dich haben, dich durch mich jagen! Was ist das für ein Machtspiel zwischen uns? Ich brauch dich doch nicht, warum lässt du mich dann nicht in Ruh? Ich weiß genau, wie kaputt und abgefuckt du mich machen kannst, ich spüre es ganz genau. Ich hasse dich! Nein, das stimmt nicht. Ich will dich haben, aber im selben Moment würdest du mich haben, hättest du mich besiegt. (Können wir nicht Freunde sein?) Nein, ich muss mit dir kämpfen, will, dass du genauso uninteressant wirst wie deine Schwester. Ich brauche etwas anderes, etwas Besseres, was Greifbares, zum Anfassen, Angucken, zum Lachen. Du bist nur ein lächerliches Gefühl. Ich will dich nur besitzen und benutzen, ich will dich fertig machen. Du sollst mich nicht mehr kriegen. Ich will dich nicht einplanen in meine Zukunft – aber manchmal denke ich schon an ein Wiedersehen …«

Das einzig Gute am Koks war gewesen, dass ich mir das Nägelknabbern abgewöhnt hatte: Ich musste immer die Zähne zusammenbeißen – da passte kein Nagel mehr zwischen.

Ich fuhr mit den anderen nach Oldenburg, wir wollten Markus in der Phase besuchen. Ich war so gespannt, wie er jetzt drauf war. Er strahlte mir entgegen, gesund und munter – und Muskeln hatte er sich zugelegt! Wir gingen zusammen zum Flohmarkt. Die Sonne schien, und ich fühlte mich schon wieder so drogennah, hatte das Gefühl, als würde ich auf die Szene gehen, mit meinem alten Verbündeten Markus. Ich ließ mir nix anmerken.

Am 18. Juli erfuhr ich von Sabine am Telefon, dass Mama angeblich clean war. Das hieß, dass ich sie sehen durfte – sofern sie nicht vorher wieder rückfällig wurde! Ich rief Dietrich an, und wir machten ein Treffen im Jugendschutz für den 10. August klar.

Ich war total euphorisch deswegen, aber trotz allem triezten mich weiter Koksgedanken. Aber ich war nicht die Einzige; auch Angela (Biafra) und Gundo gaben sich ihnen hin, den gemeinen Gedanken … Ich hatte den Tag über ein leises

Gefühl gespürt, das mir durch den Bauch schlich – konnte es aber nirgends festmachen. Dann wurde die Gruppe einberufen, und die beiden sagten, was sie gemacht hatten. Als sie gingen, sahen sie mich erwartungsvoll an, als ob sie hofften, dass ich mich ihnen anschließe – weil wir zusammen so ein lustiges Team gebildet hatten. Ich verzog keine Miene, später schrieb ich (23. Juli): »Zwei Wärmespender haben das Haus verlassen, haben Mohn gefressen – so 'n Schwachsinn! Jetzt habe ich Angst, dass gleich zwei mohnverzerrte Fratzen zum Fenster reinstarren. Gestern habe ich noch mit Gela Kaffee getrunken und gut geredet, war wohl alles nur ein schlechter Film. Ich hab natürlich kurz dran gedacht, mitzugehen – aber im selben Moment fielen mir Jagger, Mama und Völksen ein, und ich war wieder stark. Ich bin froh, dass ich in Völksen Therapie gemacht habe, sonst wäre ich vielleicht mitgegangen.«

Einen Tag später gingen noch zwei aus der Gruppe. Man konnte sich eben auf Ex-Junkies noch lange nicht verlassen, sie reden allen nur nach dem Mund. Die Atmosphäre in Kayhausen war kalt, und von den Therapeuten spürte ich nur Misstrauen und Unsicherheit; man wurde fast behandelt wie ein Exot. Alle, die in Völksen zu Besuch waren, sagten, wie gut sie die Stimmung und Atmosphäre fänden; das fehlte hier.

In meiner letzten Woche in Kayhausen verkroch ich mich im Fotolabor auf dem Dachboden und ackerte alle Negative der letzten Jahre durch – ich suchte nach bekannten Gesichtern und entwickelte Fotos von Charlie und von Markus und Jagger beim Fußballturnier; die aktuelle Gruppe nahm ich auch per Foto mit.

Am 28. Juli holte Werner mich ab. Ich war total happy, wieder zu Hause zu sein; diesmal fühlte es sich echt so an. Viele in der Gruppe fanden es schön, dass ich wieder da war – das tat richtig gut! Ich badete mit Heike und erfuhr, das U2, Ela und Stefan in der Phase rückfällig geworden waren. In meinem ersten Wochenbericht nach Kayhausen schrieb ich offen über meine enorme Schussgeilheit und dass man viel mehr mit Rückfall arbeiten müsste und sich keinen Gedanken wegzensieren sollte; die Zeit hier ging so schnell vorbei …

Am 29. telefonierte ich mit Papa und war danach total wütend auf ihn, hatte das Gefühl, dass er überhaupt nix raffte. Ich musste mir klar machen, dass nur *ich* Therapie machte – er veränderte sich nicht! An diesem Tag sagte ich auch meinen 3er-Antrag an.

Am 1. August fuhren wir ein paar Tage zelten, irgendwo im Harz. Ich war enorm schlecht drauf und hörte nur Musik, während alle anderen ihren Spaß hatten: »When I think of all the good times that I've wasted … Ich könnte jetzt stumpf auf die Szene gehen, so extrem langweilig ist mir hier. Weiß nix mit mir anzufangen, geh nicht ins Wasser und nicht in die Sonne. Wenn es Nacht wird, bin ich froh und erstaunt, dass endlich wieder ein Tag rum ist.«

Meine Angst vor dem Wasser hatte ich die letzten Monate gut verdrängen können, aber nun war sie voll wieder da. Auf LSD hatte ich damals einen Wadenkrampf gekriegt, mitten in der Kiesgrube – und in meiner Panik wusste ich kaum noch, wo meine Gliedmaßen hingen, ich sah sie ja auch nicht im dunklen Wasser. Nur mein Kopf war noch auf dieser Welt, und ein Schmerz, der mich lähmte. Jemand kam dann mit einer Luftmatratze angepaddelt und beendete das Drama in meinem Kopf. Nun war es aber wieder da, gekoppelt mit Komplexen, weil ich nicht wollte, dass jemand meinen Arsch sieht.

An den Rest des Urlaubs erinnere ich mich nicht – vielleicht, weil ich mich meist in der Vergangenheit rumtrieb, die alten Bilder immer wieder abspulte, ihren Sinn erfassen wollte. Ich hörte alte Musik und ließ die Bilder kommen; merkte aber bald, dass ich sie nicht mehr gebrauchen konnte, zumindest nicht, um mich dran festzuhalten.

Einen Tag nach dem Urlaub haute Helmut ab; er hatte die Essenskasse aufgebrochen. Ich dachte über uns alle: »Wie dicht muss man sein – um sich dicht machen zu müssen?« Helmut rief am nächsten Tag an, völlig breit; er war gerade aufgewacht, weinte und fragte, was er nun machen solle. Er durfte wiederkommen, musste aber erst mal isoliert werden. Vier Tage später wurde er offiziell von der Gruppe wieder aufgenommen. Aber Ende des Monats brach er dann doch ab.

Dead Bulle

Zwei Tage vor dem Treffen mit Mama erzählte mir Dietrich, dass Bulle schon am 30. Juni gestorben war! Ich malte direkt ein schmerzverzerrtes Gesicht mit Nadeln im aufgerissenen Mund; wie betäubt verging dieser Tag. Erst am nächsten (9. August) konnte ich schreiben: »Ich kann mir gar nicht vorstellen, wie du dagelegen hast mit Überdosis im Kopf. Ich kann mir gar nicht vorstellen, dass du tot bist. Du hast immer so 'ne Stärke ausgestrahlt – dich konnte doch gar nix umhauen! Wir haben so lange zusammengelebt, und ich hab dich oft gehasst. Aber wenn ich daran denke, dass du dir nun den Gnadenschuss verpasst hast, wird mir ganz schwindelig. Ich habe Bilder im Kopf, wie du dagelegen haben könntest: mit offenen Augen, vielleicht stand dein Mund auch auf, und du warst ganz grau im Gesicht. Es tut mir verdammt weh, dass du dich hast fertig machen lassen. Ich bin sauer, dass es Drogen waren. Ich bin traurig, könnte schreien ...«

Ich hatte nicht gut über ihn gedacht, aber trotzdem war ich völlig von der Rolle; ich musste viel weinen.

Aber gleichzeitig war ich total happy über den ersten Brief

von Jagger: »Ich habe mich tierisch gefreut, als wir uns in Steyerberg gesehen haben, konnte es aber nicht so zeigen, weil ich unsicher war. Ich kam mir auch ganz schön blöd vor, weil ich die letzte Zeit in Hannover so mies drauf war und wohl nur noch Drogen im Kopf hatte. Ich finde es jetzt echt gut, dass wir beide clean sind, weil man dann richtig sehen kann, wie man füreinander fühlt. Ich habe gemerkt, dass ich oft an dich denken muss. Ich hoffe, dass es dir echt gut geht und du viel Fun hast. Es wäre supergeil, wenn du schreiben würdest – das wäre ein schönes Geschenk zu meinem Geburtstag am 17. August. Alles Liebe, Frank.« Er nannte sich jetzt wieder mit seinem richtigen Namen; »Jagger« gehörte zum alten Leben. Sein Brief war genau das, was ich brauchte! Ich schwebte auf Wolke sieben – stürzte aber immer wieder runter, wenn ich an Bulle dachte und das geplante Treffen mit Mama.

Mama ist clean?!

Morgens fuhr ich mit Tom in die Phase zum Frühstück. Dort holte Dietrich mich ab, und wir fuhren zum Jugendschutz. Schon vor der Tür kam mir Mama entgegen – und ich sah sofort: Sie war hackebreit! Meine kleine Schwester kam auf mich zugerannt, sie rief immer nur: »Nana! Nana!« Ich nahm sie beide in den Arm und grinste unbeholfen, dann gingen wir nach oben zu Sabine, sie hatte Kaffee und Kuchen geholt.

Sabine erkannte die Situation natürlich sofort und verdrehte die Augen. Ich versuchte mir nichts anmerken zu lassen und beschäftigte mich mit Yvonne. Sie saß auf dem Boden und malte Bilder für mich. Mama stellte mit verwaschener Stimme ein paar Pflichtfragen und aß Kuchen; Dietrich las

Zeitung und blieb ganz ruhig, das gab mir Sicherheit. Aber ich wusste, dass Mama immer was im Hinterkopf hatte. Und so war es denn auch. Sie kramte in ihrer Tasche rum, dabei fiel ihr wie zufällig ein Shorebriefchen raus – mir vor die Füße. Reflexartig wollte ich es aufheben und ihr geben, dann zuckte ich zurück. Sie nahm es selbst, mit einem doof verschämten Blick. Ich fühlte mich voll angemacht – auf die fieseste Art wollte sie mich wieder zu ihrer Verbündeten machen, ich sollte das Päcken anfassen, damit ich fühle, wie dick es ist, dass es für uns beide reicht ... Danach ging sie mit ihrer Tasche aufs Klo – ich schwitzte Blut und Wasser.

Nach einer Stunde war das Treffen vorbei, Yvonne guckte verstört, als sie mit Mama zum Taxi musste, sie wollte lieber mit mir mit. Sabine machte ein paar prägnante Fotos. Dietrich sagte, dass er das Treffen abgebrochen hätte, wenn Yvonne nicht dabei gewesen wäre. Und es tat ihm Leid, dass es alles wieder nicht gestimmt hatte. Später bei den Ansagen am Tisch brach es dann aus mir raus, als ich von dem Treffen berichtete. Für den Rest des Tages klinkte ich mich aus und ging mit Kay spazieren, bis es dämmerte.

»Sie war so dünn, zerbrechlich. Ich weiß nicht, was sie vorhat, ob sie überhaupt noch was vorhat. Es war alles so krass – das Päckchen, das ihr aus der Tasche fiel, ihre Augen. Als sie auf dem Klo war, hörte ich von draußen einen Schrei. Ich dachte, sie hätte sich eben weggemacht – als krönendes Finale, um der abtrünnigen Tochter noch einen Schreck zu verpassen, den sie so schnell nicht vergessen würde ... Meine Augen sind inzwischen total trocken, und meine Hoffnung für sie ist auch weg. Ich konnte ihr gar nix klar machen. Ich muss echt meinen eigenen Arsch retten, damit hab ich genug zu tun. Mama tut mir unendlich Leid, und ich hab wieder gemerkt, dass sie mir überhaupt nix geben kann, außer Drogen und Tricks. Mama – was bist du dir wert? Was bin ich dir wert? Was ist bloß los mit dir?«

Am nächsten Tag klinkte ich mich auch aus, meine Scheiße wuchs mir über den Kopf. Ich redete mit Dietrich, und wir kamen zu dem Schluss, dass ich meine Therapie im Haus um zwei Monate verlängere und erst im Januar in die Phase gehe.

Kay und der blöde Achim wurden zurück in die Stufe 1 versetzt – warum, weiß ich nicht mehr, aber die Gruppe dauerte von zehn Uhr abends bis ein Uhr nachts! Ich wäre auch fast zurückgestuft worden, weil ich Jaggers Brief gelesen hatte, ohne vorher den Kontakt abzuklären.

Heike erzählte mir, dass sie Mama breit am Steintor gesehen habe, mit dem Pillendealer vom Raschplatz. »Ich spiel die starke Tochter, die die Mama für die Mutter ist – und du denkst, du gibst mir gute Sachen, verschenkst dein schlechtes Gewissen. Und ich nehme trotzdem alles, was du mir gibst, und ich schenk dir trotzdem meine Aufmerksamkeit und höre dir zu, auch wenn du mich nicht ausreden lässt (ich würde gern mal an dich glauben) … Mir fällt jetzt auch die Szene ein, wie du mich auf dem Raschplatz hast stehen lassen, als ich gerne Aktion mit dir gemacht hätte – und als mir die Tränen hochkamen, musste ich mir unbedingt was zu Drücken besorgen.«

Um mich abzuregen, zeichnete ich abgehackte Hände und durchstochene Augen. Für Bulle malte ich ein Bild, das ich später an die Therapeutin Sabine verkauft habe. Ich hatte es in zehn Minuten aufs Papier gebracht. Ich war voller Hass und Trauer – das Bild sollte meinen wunden Bauch von innen darstellen. Ich war extrem abbruchgefährdet. So bemerkte ich leider nicht, dass einer meiner liebsten Leute im Haus auch Abbruchpläne hatte: Kay. Er schenkte mir ein selbst gemaltes Bild, dann machte er Gruppe und verabschiedete sich. Sein Bild war schwarz mit einem giftgrünen Flashfleck, in der Mitte ein roter Punkt – das Einstichloch. Ich war traurig, kam mir auch verarscht vor. Ich hatte gedacht, ich würde mit ihm noch in der Phase landen, nachdem ich mich gegen das langweilige Oldenburg entschieden hatte. Denn nun konnte ich ja in Hannover bleiben, Bulle war tot.

Weil ich den Kontakt zu Jagger erst am 17. August offiziell abklärte, bekam er leider zum Geburtstag keine Post von mir. Ich war immer noch verknallt in die Knalltüte – aus der Ferne ist das immer leicht.

»Frauen zu Aids«

Ich bekam die Fotos vom Treffen mit Mama – sie waren echt heftig. Dietrich nahm sie mir einen Tag später weg und fragte mich, wie ich denn für mich sorge.

Von ihr kam ein Brief: »Wollte dir schon letzte Woche schreiben, hatte aber viel zu tun. Unter anderem musste ich zum Gericht, das Erbe ausschlagen, denn Bulle hatte ja eine Menge Schulden. Hab von Lennart gehört, dass du traurig und fertig warst nach unserem Treffen, wegen Bulle und weil ich so dicht war. Muckel, ich wollte das alles nicht, ich wollte dir echt nüchtern gegenübertreten, aber ich hab es einfach nicht gepackt. Bitte sei darüber nicht mehr traurig, es hat ja bald ein Ende. Ich geh jetzt freiwillig in die Klapsmühle, da, wohin sie mich nach Bulles Tod für zehn Tage hingebracht hatten. Dort ist es ganz lustig, so wie in ›Einer flog übers Kuckucksnest‹ – da ist immer was los. Ich mach meine Entgiftung, und von da geht's dann ab in die Therapie. Das Jugendamt will mir Yvonne nicht nachschicken, stell dir vor, die haben schon eine Pflegefamilie für sie. Das hatten wir schon mal, das dürfen die nicht machen, dann geh ich kaputt. Wär Herbert nicht da, wär ich nicht mehr. Das ist endlich mal einer, der einem hilft. Du weißt ja, wie ich bin, ein anderer hätte mich schon längst in den Hintern getreten. Seit

Februar bin ich mit ihm zusammen. Im April bin ich vom Marktplatz weg, werd ich dir mal alles erzählen; aber es ging nicht mehr, zum Schluss haben sechs Leute bei uns gepennt. Uwe ist ja auch im Februar bei uns gestorben, die scheiß Drogen. Du glaubst gar nicht, wie doll ich mich auf Therapie freue. Das Schärfste daran ist, dass du als meine Tochter mein Vorbild bist. Schatz, wegen meinem Virus brauchst du keine Angst zu haben, meine Werte sind so gut; wenn die so bleiben, kann ich ganz alt werden, wie ein normaler Mensch auch. In der Therapie werde ich lernen, wie man sich richtig ernähren muss. In der Sache brauchst du keine Angst zu haben, ich werd dir noch viele Jahre auf den Keks gehen. Schatz, dies wird wohl erst mal der letzte Brief sein, ich schätze, in drei Monaten wirst du wieder von mir hören. Denk dran, ich hab dich echt lieb.«

Zu der Broschüre »Frauen zu Aids« steuerte Mama einen Text bei; das Kapitel hieß natürlich »Drogen und Aids«. Was sie an Bulles Todestag gemacht hat, zeigt folgender Ausschnitt: »Ich bin zu einem anderen Mann in die Wohnung gezogen, mit Kind und Virus, hab gleich mit offenen Karten gespielt. Mein Kind kam dann ins Kinderheim, ich musste ins Krankenhaus und hatte keinen für sie. Ihr Vater kam auch ab und zu mit, aber er konnte es nicht verkraften, dass sein Kind im Heim ist. Ich habe mich mit meinem Mann wieder gut verstanden, er fand es auch gut, dass ich Therapie machen will. Mein neuer Freund fand eine andere Wohnung für uns. Ich machte die ganze Nacht durch, habe alles eingepackt, nachts bin ich noch zum Steintor und hab mir ein halbes Gramm Koks gekauft, damit ich bloß nicht müde werde und alles schaffe. Als die erste Fuhre weg war, kam die Polizei, sie fragten nach mir. Als die mich sahen, wussten die gleich, was mit mir los war, bis obenhin zu. Daraufhin überbrachten sie meinem Freund die Nachricht, dass mein Mann in der Nacht an einer Überdosis Heroin gestorben ist. Als die

Polizei mich sprechen wollte, wusste ich gleich, dass es um meinen Mann ging. Ich bin danach so abgedreht, dass man mich erst mal in die Nervenklinik brachte, ich kann nur sagen, dass es mir gut tat. Als ich ging, fing ich sofort wieder an zu drücken, damit wollte ich den Tod meines Mannes verdrängen. Aber mit der Fixerei geht das nicht. Insgesamt habe ich dieses Jahr schon vier Entgiftungen hinter mir. Therapie will ich in erster Linie für mich machen, denn ich habe keine Lust mehr auf so ein Leben; wer weiß, wie lange ich noch habe.«

Mama war nicht nur durchgedreht, glaube ich, weil Bulle tot war, sondern auch, weil sie ihm gegenüber ein enorm schlechtes Gewissen hatte. Sie hatte ihn draufgebracht – und alle! Das kann ich mit Sicherheit sagen, nüchtern wurde es mir immer klarer. Mama hat es ihm schmackhaft gemacht, ihm die Angst vor dem »bösen« Heroin genommen – bis keiner mehr wusste, wo die Lampe hängt.

Der Übergang war ganz klar ihre HIV-Infektion. Vorher waren die Abende bei uns gekennzeichnet durchs Kiffen und Kartenspielen, manchmal trank Bulle zwei Bier dazu. Nachdem sie es erfahren hatte, drehte sie innerlich durch – und es war ihr egal, wen sie dabei mitnahm. Hauptsache, sie musste nicht alleine bleiben, alleine leiden – denn nun litten bald alle, wenn sie einen Affen hatten. Und Mama rannte durch die Gegend, machte alles klar, jeden Tag aufs Neue, bis sie abends völlig ausgebrannt und totenbreit auf dem Sofa hing und zufrieden war, dass sie in sich hinabsteigen konnte.

Bulle hat wohl nie erfahren, dass sie ihm von Anfang an beschissen hat: Sie hatte ihm immer nur die Hälfte der Menge Heroin gegeben, die er angeblich bekam; die andere Hälfte nahmen sie oder ich. Er wusste also bis zum Schluss nicht, dass er eine viel niedrigere Dosis hatte; kein Wunder also, dass er zweieinhalb Monate, nachdem sie ihn verlassen hatte, den Löffel abgab.

Und alle anderen, die inzwischen auch schon gestorben sind, hätten sich vielleicht gar nicht mit der Shore so angefreundet – wenn Mama es nicht so unters Volk gestreut hätte; es waren alles nur Kiffer, die plötzlich zu den abgewichstesten Junkies mutierten. Ich gebe zu, es war immer sehr gemütlich bei uns, in diesem Rahmen wirkte eine schlechte Droge erst gar nicht so schlecht, es unterstrich die Gemütlichkeit und die Zusammengehörigkeit – alle auf einem Level, alles sehr magisch ...

Bulle – the last time

Eine Woche nach der Räumung im Marktplatz hatte Bulle Post von der Staatsanwaltschaft bekommen; sie lehnten die Zahlungserleichterung ab, die er beantragt hatte, weil er die erforderlichen Belege nicht übersandt und die erste Rate nicht gezahlt hatte. Nun sollte er innerhalb einer Woche 794 Mark einzahlen, sonst würden sie ihn pfänden oder einsperren. Na ja, zu pfänden gab's ja nichts mehr, und ihn einzusperren wäre wohl noch das Beste für ihn gewesen. Außerdem verlangten sie noch Unterhalt, und er bekam eine Geldstrafe wegen Diebstahls. Die Schlinge zog sich immer mehr zu, er steuerte direkt auf das Aus zu. Am 30. Mai erhielt er einen Strafbefehl von der Üstra, er sollte innerhalb von vier Wochen 836 Mark zahlen. Am 12. Juni bekam er eine Vorladung »zur Vernehmung als Beschuldigter wegen Sachbeschädigung im Arbeitsamt« – er hatte da einen Computer aus dem Fenster geschmissen! Am 13. gab es einen an ihn und Mama adressierten Brief von unserer Rechtsanwältin, weil die beiden 238 Mark nicht bezahlt hatten; die Anwältin drohte nun auch mit dem Gericht. Am 18. Juni kam ein Beschluss, dass seine Bewährungszeit verlängert wird, wegen Hehlerei; dazu wollten sie noch 1.000 Mark von ihm.

Ich kann mir vorstellen, dass er gar nicht mehr klarkam und auch nichts regelte, er ließ es schleifen. Ob er vier Tage vor seinem Tod die Vorladung noch wahrgenommen hat, weiß ich nicht. Aber am 30. Juni – eine Woche nach Mamas 36. Geburtstag – flog er ab zu den Ahnen.

Süchtiger starb in fremder Wohnung

Laatzen (bk). Ein 38-jähriger Mann aus Gleidingen ist in der Nacht zum vorigen Sonnabend an den Folgen von Rauschgiftkonsum gestorben. Die Kriminalpolizei untersucht zum dritten Mal in diesem Jahr die Umstände, die zum Tod eines Süchtigen in Laatzen führten. Nach den Ermittlungen kam der Mann am Freitagabend in die Wohnung eines Bekannten in der Hildesheimer Straße in Alt-Laatzen. Er stand offensichtlich unter Alkoholeinfluss und legte sich auf einer Couch schlafen. Als sich der Gastgeber etwa zwei Stunden später um den Mann kümmern wollte, war dieser bereits tot. Rettungsversuche des Notarztes blieben ohne Erfolg.

Der Kriminalpolizei war der 38-Jährige seit Jahren als Konsument illegaler Drogen bekannt. Er hat sich vermutlich kurz vor dem Besuch des Bekannten ein Rauschmittel gespritzt. Der Leiter des Laatzener Kommissariats geht davon aus, dass der Mann an Kreislaufversagen infolge langjährigen Drogenkonsums gestorben ist. Er bezeichnet alle drei Laatzener Drogentoten in diesem Jahr als »Altkonsumenten«, bei denen der Tod als nahezu natürliche Folge der ständigen Überlastung des Kreislaufes anzusehen sei.

Bei Mario, der Mistsau, ist er also gestorben – in dem Zimmer, in dem Mario mich vergewaltigt hatte, und in dem Haus, in dem ich meine Kindheit verbracht hatte. Ihm ging bestimmt der Arsch auf Grundeis, als Bulle kein Lebenszeichen mehr von sich gab. Papa erzählte mir später, dass Mario in der Nacht bei ihm angerufen und ihn gebeten hat, rüberzukommen. Aber Papa wollte nicht, dafür ging Manne hin und erwischte Mario, wie er Bulles Taschen durchkramte – auf der Suche nach Drogen! Ach, es hat ihm bestimmt richtig zugesetzt, dass der »Dicke« bei ihm den Löffel abgegeben hat – es blieb ihm kaum was anderes übrig, als hinterherzugehen. – Die anderen beiden Toten aus dem Zeitungsartikel waren Uwe und der mir unbekannte Junkie, die bei uns zu Hause gestorben waren.

Die Beerdigung

Bulle wurde auf dem Friedhof in Neu-Laatzen beerdigt. Ich wäre zu gern dabei gewesen, hätte mir gern alle reingezogen, die ihm die letzte Ehre erwiesen. Romana erzählte, dass alle Laatzener Alkis und Junkies dort im Gewitter an seinem Grab standen. Mama war so dicht, dass sie neben die Kapelle kotzte. Papa zog ständig seinen Flachmann aus der Tasche und machte seine Sprüche, und zu guter Letzt ließen die Sargträger dann auch noch den Sarg ins Grab fallen – er stand hochkant drin! Ich hätte es zu gern selbst gesehen, ich glaube, ich hätte doppelt Tränen vergossen, vor Lachen und vor Trauer.

Romana und Darla kümmerten sich noch eine Weile um das Grab, dann war die Zeit abgelaufen, und man legte einen anderen drauf; es war die Sammelstelle für mittellose Süchtige – ohne ein Zeichen, wer da jetzt lag. Bulle war bestimmt einer der wenigen, der mal frisches Zeug auf seinem Haufen hatte.

Softie schrieb mir nochmal, nachdem ich ihm einen meiner Mama-Texte geschickt hatte: »Was für ein dramatisches Gefühl, als ich deinen Brief öffnete und mir gleich dein Mamateil entgegenkam. Bist sicher noch länger dabei, die Beziehung zwischen euch zu ordnen? Mich hat das sofort an damals in der Schule erinnert, als du ständig düstere Zeichnungen machtest. Da wollte ich schon immer gegen an; es ist ziemlich einfach, alles scheiße und schlimm zu finden. Aber du hast damals schon nichts hören wollen, machtest einen unnahbaren Eindruck. Ich hoffe ganz doll, dass du erkennst, dass von nun an alles von dir abhängt – dass du eine echte Chance hast! Vor allem bin ich froh, dass du nicht HIV-positiv bist, was ja heutzutage Glückssache ist. Ja, was ist hier draußen los? Gestern der 33. Drogentote, die Sonne scheint trotzdem.«

Der 30. Drogentote in Hannover war Bulle gewesen; ob ich Nummer 31 bis 33 gekannt hatte?

Mein letzter Gruppenbericht, 26. August:

»In der letzten Therapiestunde habe ich gemerkt, dass ich noch einiges zu klären habe, z. B., warum ich mich manchmal so sehr selbst hasse. Das ist ein echter Rückfallpunkt bei mir, in solchen Momenten würde ich mir am liebsten wehtun. Dass ich meine Zeit hier verlängert habe, finde ich jetzt total gut. Aber ich habe auch fast keine Lust mehr, hier zu bleiben, weil ich die Gruppe zurzeit total arschig finde. Engere Beziehungen habe ich zu Thomas und Patrizia, zu Ewu will ich wieder einen Draht herstellen. Nächste Woche will ich meine 3er-Fragen haben. Im Wesentlichen geht's mir gut, merke aber, dass ich meine Todesfälle gefühlsmäßig wegpacke und mich nur langsam abnabele.

Zur Gruppe:

Ich finde, dass einige 2er nicht ernst genommen werden und andere sich noch nicht ernst nehmen. Ein Teil der Stufe 1 fühlt sich schikaniert von Stufe 2 und powert dagegen an. Stufe 2 powert zurück, und schon haben wir das altbekannte scheiß Machtspiel. Die meisten vergessen, dass sie Fixer sind, wollen nicht clean werden, wollen gar nicht hier sein. Stufe 2 heißt auch nicht, mehr Macht haben, sondern mehr Verantwortung zu tragen für diesen Laden. Aber noch nicht mal das läuft (Zensur, Klamotten filzen etc.). Ich hab auch kein persönliches Interesse an jedem hier, aber ich hab Interesse, dass es hier gut läuft und uns nicht die Therapeuten die Fäden aus der Hand nehmen. Außerdem sehe ich das hier als mein Zuhause, und wer die Regeln für sich nicht akzeptiert, sollte besser gehen.

Heike: Ich merke, dass ich dich nicht mehr ernst nehme, vielleicht, weil du oft nicht hinter dem stehst, was du sagst. Wir müssen nochmal reden. Mach mal was Eigenes!

Patrizia: Mach weiter so, das wird hier gebraucht.

Björn: Ich weiß nicht, was ich dir schreiben soll, du nimmst nix von mir an.

Chris: Ich schreib dir nix, fühlst du dich eh nur angepisst.

Tommy: Du hältst dich sehr zurück und reagierst oft genervt. Ist dir hier alles egal, weil du bald rausgehst? Deine Meinung ist doch auch wichtig!

Thomas 1: Du bist ganz schön glatt. Aus Angst vorm Rückfall brauchst du die ganzen Regeln hier, das kommt bei den Stufe-1-Leuten dann als Regelpisser an – find ich übrigens total daneben.

Thomas 2: Ich weiß überhaupt nicht, was du hier willst – Unruhe stiften? Provozieren? Schikanieren? Denkst du, du kommst zu kurz beim Essen? Ich glaube nicht, dass du clean werden willst. Dein Szene-Verhalten ist hier nicht angesagt, ich trau dir nicht übern Weg.

Marina: Was ist los mit dir? Niemand will dir deinen großen Thomas wegnehmen, du darfst auch ruhig mal zu dir stehen. Thomas hat dich ganz gut im Griff, und er steht überhaupt nicht hinter dir, zumindest nicht mit der Energie wie du.

Achim: Total undurchsichtig. Weiß nicht … oberflächlicher Kontakt.

Detlef: Du bist total eingemauert und holst dir deine Aufmerksamkeit, indem du nix geregelt kriegst, das ist doch scheiße. Wenn du hier bleiben willst, musst du dich und den Laden hier wichtiger nehmen. Sieh es doch als ›Lebensschule‹.

Carmen: Mein Gefühl zu dir wird immer besser. Aber ich erschrecke manchmal über deine heftige Reaktion, wenn man dir was sagt. Du lernst doch erst, hier klarzukommen; beim ersten Mal klappt einiges eben noch nicht, und du darfst dir auch mal einen Fehler erlauben. Ist doch gar nicht schlimm, oder?

Tom: Finde gut, wie du bisher alles geregelt gekriegt hast, habe ein gutes Gefühl für dein Cleanwerden.

Ewu: Ich habe das Gefühl, dass du hier doch nur Knast abmachen willst. Du kriegst zwar alles schön geregelt und bist anpassungsfähig, und groß Stress kann man mit dir auch nicht haben. Aber was ist mit dir? Warum bist du Junkie? Du fragst es dich ja auch selbst – und guckst nicht genau hin. Komm mal etwas mehr in Schwung, Baby!

Rudi: Du siehst das wohl schon etwas mehr als dein Zuhause – tja, weiß auch nicht, lustig bist du.

Team:

Werner: Wie immer: direkt ins Gesicht, sehr gut. Ansonsten hört sich das Feedback ja doch immer gleich an, wenn sich was ändert, sag ich's dir.

Dietrich: Komisch, dass ich jetzt erst gemerkt habe, dass ich mich doch nicht total auf dich eingelassen hab – was mich auch erschreckt, weil ich nicht weiß, wie ich mich denn noch einlassen soll! Wenn ich dir z. B. Texte vorlese, setze ich da wirklich Urvertrauen rein – ich mach das schon!

Merti: In Stufe 2 find ich dich voll gut bei der Sache, mehr weiß ich einfach nicht.

Doc Dieter: Dich kenn ich noch nicht, aber manchmal denk ich: Gleich pennt er hier weg … Aber ich hab schon gehört, dass du hellwach bist und Durchblick hast.«

Ich kann mir vorstellen, dass mich manche für meine Feedbacks hassten. Thomas, Marina und Detlef brachen in der nächsten Zeit ab, Chris und Achim wurden später rausgeschmissen, und Tommy wurde in der Phase rückfällig.

Meine persönlichen Stufe-3-Fragen bekam ich am 30. August: »1. Wie gehst du mit deinen vielen Vätern um? 2. Was brauchst du in einer Beziehung (zu Freunden) und was tust du dafür? Wann grenzt du dich ab? 3. Was hindert dich an einer Kontaktaufnahme zu cleanen, normalen Leuten, warum hast du Beziehungen entweder zu Abhängigen oder zu professionellen Helfern? 4. Willst du eine Frau werden?«

Bevor ich mir darüber Gedanken machte, drängte sich was anderes auf: »Plötzlich bekam ich Angst vor meinem Geburtstag … davor, doch vergessen zu werden, dass ich keine Post kriege, dass Papa sich nicht meldet oder dass sich die Gruppe hier zum Teil einen abheuchelt. Ich kann es nicht ganz glauben, dass ich gemocht werde. Hasse mich so oft selbst. Ich bin ganz nah dran, warum das so ist – Mama kann ich nicht hassen oder ihr wehtun, Zappel auch nicht und Bulle jetzt auch nicht mehr. Übrig bleibe ich – will mir wehtun, weil die mich oft verletzt haben oder zu dicht waren, um mich wahrzunehmen. Mir ist ganz schwindelig von den Gedanken, die sich um meine Vergangenheit drehen. Ich fühl mich sauallein.«

31. August: »Es blitzt draußen und regnet. Das passt total gut. Ich fühl mich unsicher und hätte gern Jagger oder meine

Ma in clean bei mir. Ich hoffe, du hast mich nicht vergessen! Bulle ist vielleicht auch da. Unsichtbar. Ich wünsch mir, dass draußen jemand an mich denkt. Ich schlafe jetzt. In einer halben Stunde bin ich 19.«

Geburtstag haben ist nicht leicht …

Am nächsten Morgen wachte ich schon mit schlechter Laune auf. Wie jeden Tag ging ich in den Fernsehraum, um vor dem Frühstück noch eine zu rauchen, und da saßen sie alle – und schauten mich erwartungsvoll an. Ich wollte einfach nur in Ruhe gelassen werden; sie sollten mich bloß nicht ansprechen! Aber nein – sie strahlten mich an, manche standen auf und wollten mich in den Arm nehmen, es war mir unendlich unangenehm. Mies gelaunt bedankte ich mich, und nun war gut. Aber am Frühstückstisch stimmten sie dann auch noch ein Lied an! Bei den anderen fand ich es lustig, ich freute mich über ihren Geburtstag – aber nicht über meinen, da gab es nichts zu freuen.

»1. September 1990 – dieser Tag war echt beschissen … Ich hab zwar viele Sympathien bekommen, und Werner und Dietrich waren da, und die Gruppe war lieb, und Mama ist seit gestern im Entzug, und Papa rief an (total lieb), und Melanie war auch hier – aber meine Stimmung war echt im Keller! Ich merke, wie voll ich mit Misstrauen stecke und dass ich Erwartungen von anderen nicht erfüllen will und genau das Gegenteil mache. Ja, jetzt ist MEIN TAG gleich zu Ende, und es ist mir scheißegal! Der Tag erinnerte mich an die letzten Jahre, an Mama und an andere Zeiten … wenn ich könnte, würde ich die Zeit zurückdrehen, um Zappel zu löschen, und Nein sagen, wenn Mama mich nochmal fragen würde, ob ich mit ihm einverstanden sei. Sie ist so unfähig, hilflos und klein. Vor 19 Jahren hat ein Kind ein Kind bekommen. In meinem Kindskopf ist sie manchmal ganz groß, und plötzlich schrumpft sie wieder auf normale Mamagröße – oder wird noch kleiner, dann bin ich ihre Mama, muss ich sie beschützen.«

Am 11. September hatte ich natürlich wieder einen »Datumsflashback«: »Liege im Bett, trinke Kaffee und höre Stones – 2000 Lichtjahre von zu Hause entfernt ... Vor 365 Tagen saß ich im Bunker – das hätte ich nie gedacht, dass ich Bulle da das letzte Mal sehen und mir zum letzten Mal eine Nadel in den Arm pieken würde.«

In den nächsten Tagen zog ich mich in meine Musik zurück und schrieb: »Ihr habt auch gelebt – diese Musik gehört und von ›alten Zeiten‹ erzählt. Dass du, Uwe, im Februar bei uns gestorben bist, hat mich gewundert, du warst doch gar nicht so drauf? Es macht mich fertig, und ich möchte nicht wissen, wer noch verschwunden ist. Ich bin froh, dass Jagger, Mama und ich noch rechtzeitig davongekommen sind. Ihr habt auch gelebt. Bulle, du Arschloch ... Wir hatten nicht nur schlechte Zeiten zusammen. Oft denke ich an die Abende bei uns im gemütlichen Wohnzimmer – wir flachsten und kifften, Fernseher und Musik liefen, die Kerzen brannten, und nur ganz leicht konnte ich die Umrisse von Mama in dem großen dunklen Bett erkennen. Diese Zeiten von totaler Sicherheit hab ich genossen – ich brauchte vor niemandem und nix Angst zu haben ... wenn ich gut mit dir klarkam. Leider wechselte das oft; klar hab ich dich auch gehasst – aber auch gemocht. Ich war manchmal stolz, dass du mein Stiefvater bist, niemand hat mir was getan, allein dein Name hat gereicht. Ich hab mir oft gewünscht, dass du tot bist. Ihr habt mich oft gelobt, weil ich so gut bei euch drücken konnte – so sanft und voller Zärtlichkeit (Angst, euch wehzutun ...). Dabei hätte ich euch manchmal gern die Venen auseinander gerissen; das hab ich dann bei mir gemacht. Ihr habt mich gelobt, weil ich schon so viel auf der Reihe hatte mit Drogen – das Kind in mir durfte es in unserer Welt nicht geben; selbst Yvonne musste die Schnauze halten. Wir waren ja alle so erwachsen und so lieb und voller Hass. Das hast du nun davon. Goodbye, Bulle.«

Nachts: »Die blutigen Wolken schweben jetzt vorbei – aber da sind sie immer; ich darf sie nie vergessen, sonst finde ich mich in ihnen wieder – da, wo ich herkomme. Und Grabsteine haben sie sicher alle nicht; was zurückbleibt, ist ein großer Haufen Scheiße und die Gewissheit, euch gekannt zu haben. Gedankenfetzen & Erinnerungen bei mir – Venenfetzen, Körperfetzen, zersplitterte Seele bei euch ... Ich bin nochmal davongekommen – lassen wir es uns gut gehen.«

Am 19. bekam ich endlich eine Antwort von Jagger, fast einen Monat nach meinem Brief. Er schrieb, dass er mit seiner Gruppe im Urlaub gewesen sei und da gemerkt habe, dass er in seiner Freizeit nichts mit sich anfangen kann und dann auf den Gedanken kommt, sich voll zu knallen. Er hat da oft über mich gesprochen und wollte mich neu kennen lernen, fragte mich, ob ich ihn besuchen würde.

Ich schrieb ihm erst zwei Tage später, denn mein 3er-Antrag stand an. Der war echt anstrengend, das musste er aber auch sein, schließlich ging es hier nicht mehr ums Haus, sondern um die Orientierung nach draußen – es musste geprüft werden, ob man schon so weit war.

Der 3er-Antrag

Erst mal musste ich eine Reflektion über meine Stufe-2-Zeit halten, danach kam ich zu den Fragen. Die erste war, wie belastbar ich in Krisensituationen bin. Die letzte Zeit diente als gutes Beispiel: das Treffen mit Mama, Bulles Tod und der

Kontakt zu Jagger. Ich antwortete, dass ich ziemlich belastbar bin und mich durch reden, schreiben und malen entlaste, dass ich meist auch erst mal allein sein will und Energie aus meinen Beziehungen ziehe.

Die zweite Frage, wie ich meine Suchtproblematik sehe und zu welchen Abhängigkeiten ich jetzt neige, fiel mir nicht schwer zu beantworten, denn meine Suchtproblematik war mir völlig klar. Eine übrig gebliebene Abhängigkeit war das Rauchen, ansonsten hatte ich noch meine Essmacke: gute Sachen als Belohnung zu essen oder mir alles Essen zu verbieten, wenn ich mal wieder meine »Ich-fühl-mich-zu-dick-Phase« hatte. Ich wusste, dass ich aufpassen musste, nicht magersüchtig zu werden. Ich hatte sogar schon einige Male Kotzgedanken: kotzen, um den vollen Genuss zu haben – aber nicht die Kalorien! Ich steigerte mich aber zum Glück nie so rein. Und auch von Beziehungen machte ich mich zeitweise abhängig, wie jetzt zu Jagger.

Wie sieht mein möglicher Rückfall aus? Das war die nächste Frage. Ich stellte Mutmaßungen an: Wenn ich mich selbst wieder aufgebe und kein Land mehr sehe, aus Langeweile, Wut, Trotz und Selbsthass, wegen Liebesentzug oder wenn mein Freund mich verlässt oder rückfällig wird. Aber vielleicht auch, wenn es mir zu gut geht.

Wie ich meine Konflikte löse, die Frage konnte ich nur damit beantworten, dass ich ihnen am liebsten aus dem Weg gehe; wenn es aber angesagt ist, was zu klären, bin ich bereit dazu, und wenn ich wütend bin, traue ich mich, mehr zu sagen.

Die Freizeitfrage war für viele ein Problem, aber da ich so viel schrieb und malte, mir immer was vornahm und mich mit Leuten im Haus zusammensetzte, war der Punkt schnell abgehakt. Außerdem wollte ich wieder in der STEP-Schule mitmachen und mir Material mit nach Hause nehmen, damit ja keine Langeweile aufkommt.

Auf die Frage, welchen Bezug ich zu meiner früheren Szene habe, musste ich etwas ausführlicher antworten, denn schließlich ging ich zurück in meine alte Stadt. Die meisten in Völksen kamen ja nicht aus Hannover, für sie war die Stadt neu und unschuldig; ich musste sie erst neu besetzen. Ich meinte, dass mich die Szene kaum interessiert, weil ich andere Ziele habe. Dass ich auch scheiß Gefühle gegenüber Raschplatz und Bahnhof habe und mich da nicht lange aufhalten will und kann, werde dann leicht panisch. Dass ich Hannover aber auch mit anderen Augen sehe, wahrnehme, was ich vorher nicht gesehen habe. Ich erzählte auch von meinem Siegergefühl, wenn ich aus dem Zug steige und Junkies sehe, dass ich dann sofort denke: Ich gehör nicht mehr zu euch, will nichts mit euch zu tun haben! Meine festen Junkiebeziehungen saßen jetzt selbst in Therapie, die konnten mir erst mal nicht mehr gefährlich werden.

Nach den regulären Antragsfragen kamen nun meine persönlichen; die erste lautete: Wie gehst du mit deinen vielen Vätern um? Diese Frage fand ich zunächst eher komisch, denn ich hatte, bis auf Bulle, meine »Väter« nicht als Problem gesehen. Als ich mir aber mein allgemeines Verhalten Männern gegenüber vor Augen hielt und noch mit Dietrich sprach, wurde es mir klarer. Ich antwortete, dass ich von meinen Stiefvätern nicht als Frau beansprucht werden konnte, weil ich ja die Stieftochter war; ich wollte sie auch nicht als Männer sehen, weil sie mich so oft in Angst versetzt hatten. Ich fragte mich, ob ich diese ganzen Vaterfiguren als Schutz davor brauchte, »eine Frau zu werden« – weil ich von Männern manchmal nicht als Frau gesehen werden wollte. Außerdem können Männer einen besser beschützen als Mütter, aber weil sie auch brutaler sind, sah ich viele lieber als Väter oder Brüder – die können mich nicht als Frau haben wollen.

Das war dann auch gleich die nächste Frage: Willst du eine Frau werden? Ich antwortete durcheinander: Ja, irgendwann, zeitweise, bin dabei ... Ich wurde gefragt, was mich daran hindert – ich fand, dass es zu erwachsen klingt.

Die vorletzte Frage war: Was brauchst du in einer Beziehung zu Freunden und was tust du dafür? Wann grenzt du dich ab? Ich meinte, dass ich verstanden werden will und das Gefühl haben muss, dass man mir zuhört und nicht so tut als ob. Ich will mich auf Freunde verlassen können, wenn es darauf ankommt, aber hauptsächlich mit ihnen Spaß haben und gute Sachen machen. Was ich dafür tue? Ich bin wirklich da und höre zu – und momentan pflege ich wichtige Kontakte auch. Ich erinnere mich, dass Dietrich einmal in mein Zimmer kam: Thomas war bei mir, wir aßen selbst gemachtes Popcorn, hörten Musik und unterhielten uns. Das war eigentlich schon Standard, dass ich mich mit verschiedenen Leuten abends in meinem Zimmer zum Popcorn traf – es waren immer tiefsinnige Gespräche, fand ich. Das muss Dietrich zu Ohren gekommen sein, denn er meinte: »Ah, Silvana hält schon wieder Audienz!«

Zum Thema »Abgrenzen« hatte ich klare Gedanken: Ich grenze mich ab, wenn sich jemand an mich klammert (z.B. Heike) oder mit auf den Zug springen will, den ich mir selbst ausgesucht habe. Auch wenn man mir hinterherläuft wie ein Dackel oder dicke Erwartungen an mich stellt – und bei Oberflächlichkeit und Heuchelei.

Die letzte Frage war: Was hindert dich an einer Kontaktaufnahme zu cleanen, normalen Leuten, warum hast du Beziehungen entweder zu Abhängigen oder zu professionellen Helfern? Dazu musste ich sagen, dass es mir noch gar nicht aufgefallen war, dass ich nur solche Kontakte hatte – aber meine ersten 18 Jahre hatten auch keine anderen hergegeben. Ich konnte mir auch nicht vorstellen, dass »normale« Leute mich verstehen; außerdem hatte ich Angst, auf sie zuzugehen, dachte, dass ich mit denen nichts anfangen kann. Mit meinen jetzigen Kontakten fühlte ich mich durch dieselbe

Problematik verbunden, ich fand, dass man als Exuser feinfühliger und sensibler ist – auch für die kleinen Dinge des Alltags, die »normale« Leute nicht sehen oder verstehen würden. Bei meinen Sozialleuten wie Sabine, Guido und Lennart hatte ich die Sicherheit, dass sie keine Drogen nahmen und zu festen Zeiten zu erreichen waren. Ich fand ihr Interesse auch echt.

Nach zweieinhalb Stunden war es vorbei, und ich war 3er. Das hieß, dass ich nicht mehr an den ständigen Gruppen im Haus teilnehmen und keine Wochen- und Gruppenberichte mehr schreiben musste, keine Putz- und Verantwortungsbereiche mehr hatte und sanktionsfrei wurde – alles war nur noch auf draußen ausgerichtet. Auch das gemeinsame Essen war nicht mehr obligatorisch. Die einzige Hauspflicht war noch, dass ich jeden Sonntag einen Wochenplan mit meinen Aktivitäten ans schwarze Brett hängen musste, damit der Rest der Gruppe wusste, was ich mache und wo ich bin.

Einen Tag nach dem 3er besuchte ich mit Ewu und Thomas eine Ausstellung in Hannover; nach einem Besuch in der Phase und einem Stadtbummel fuhren wir wieder zurück – es war alles total hektisch, und ich war nicht gut drauf. Ich sah auch einen alten Junkiekollegen wieder und merkte, dass ich doch etwas Angst vor Hannover hatte.

Am 28. September erfuhr ich, dass Dieter im Krankenhaus gestorben war. Papa kam mich besuchen. Ich holte ihn vom Bahnhof ab – er sah so klein aus und hatte eine Reisetasche mit Comics dabei. Wir unterhielten uns gut, und ich war froh, mal wieder ein echt vertrautes Gesicht zu sehen.

Einen Tag später fuhr ich mit Patrizia und Heike nach einem Stadtbummel in die Phase, auf dem Rückweg im Zug kam mir eine Haschwolke entgegen – es ging mir ziemlich rein, weil wieder alles so nah war.

Endlich bekam ich aufmunternde Post von Jagger: »Ich fühle mich im Moment echt gut, letzten Mittwoch habe ich meinen 2er gemacht. Ich find's auch voll geil, clean zu leben – was ich vor meiner Therapie nicht gedacht hätte, auch wenn man über einige scheiß Sachen nachdenken muss. That's life. Ich bin auch irgendwie stolz, dass ich die Therapie nicht für die blöde Staatsanwaltschaft, sondern für mich mache. Ich finde es gut, dass du auch clean leben willst und es mit Hannover packst. Ich freue mich, dass du da bist, und ich mag dich ganz schön. Auch freue ich mich, dass du Lust hast, mich zu besuchen. Ich denke, das wird nicht mehr so lange dauern, dann können wir eine Menge machen. Ich freu mich voll auf ein Wiedersehen!« Das war Balsam für meine verwirrte Seele. Der Besuch bei Jagger beherrschte meine Gedanken fast vollständig. Aber bevor es dazu kam, passierten wieder einige Dinge.

Ich war nun fast täglich in Hannover; entweder lief ich alleine durch die Stadt oder ich fuhr in die Phase und zu Sabine in den Jugendschutz. Ich wollte, dass Hannover wieder normal für mich wird. Erstaunt war ich über den Vertrauensvorschuss, den mir die Therapeuten gaben – denn alle, die bisher mit mir Therapie gemacht hatten, waren rückfällig geworden. Warum sollte es bei mir anders sein? Wie kam es, dass sie mehr Vertrauen zu mir hatten als ich selbst? Vielleicht schlossen sie im Team ja Wetten auf uns ab – dann wollte ich mal denen die Wette versauen, die nicht an mich glaubten!

Am 5. Oktober war ich mit Patrizia in Hannover, sie wollte zur CD-Börse. Dass der Laden direkt neben dem »Drink Out« war, wo ich für Gerdchen anschaffen gegangen war, hatte ich vergessen – ich erschrak, als es mir dämmerte. Ich war total nervös und dachte, dass gleich der Freier von nebenan auftaucht, den ich damals abgezogen hatte. »Hab heute Def und Sancho am Bahnhof gesehen und bin schnell weitergegangen. Irgendwie macht es mich traurig, ich will wieder ›mitspielen‹. Darf ich nicht mehr – werde mich hüten, Scheiße zu machen … Gestern habe ich einen früheren Freier gesehen. Ich schloss gerade mein Rad vorm Kaufhof ab, als ich hörte: ›Mäuschen! Hallo Mäuschen – da bist du ja wieder. Hast du kurz Zeit?‹

Ich drehte meinen Kopf und sah diesen Friseurtypen, eigentlich ein ganz lustiger, smarter Typ, der mit mir damals in seinen Salon gegangen war. Ich reagierte schroff: ›Ich bin nicht mehr dein Mäuschen, außerdem mache ich Therapie!‹

Überrascht hob er die Hand und verabschiedete sich nett. Mit klopfendem Herzen ging ich in den Kaufhof und dachte, wie gut, dass ich nicht einen der anderen Typen getroffen hatte – jetzt wusste ich, wie ich zu reagieren habe, falls so was nochmal passiert. Auf dem Rückweg nach Völksen saßen drei Junkies breit im Zug, ich wurde wieder total hektisch und fühlte mich irgendwie schutzlos. Einen Tag später steuerte auf der Straße ein Dealer direkt auf mich zu, ich ging einfach weiter. Das wird immer wieder passieren, dass ich alte Leute sehe; ich muss damit rechnen, dass ich angesprochen werde. Aber ich habe mich gegen die Droge entschieden – deshalb kann mir nix passieren!«

Traum

In der folgenden Nacht träumte ich dann gleich alles auf einmal: »Ich hatte abgeklärt, dass ich Mama besuchen darf, weil ich länger nix von ihr gehört hatte. Bin zu ihrer Wohnung, und es stand kein Name mehr an ihrer Klingel. Irgendwoher erfuhr ich, dass sie bei ihrer Mutter ist (die ist seit 18 Jahren tot). Dort sah ich Mama ganz dürr unter einem Tisch hocken, sie sah total verstört und komisch aus. Szenenwechsel: Bin plötzlich in einer fremden Wohnung, Bulle ist da, und zwischen ihm und Mama bahnt sich ein Streit an. Mama will zur

Tür raus, er packt sie (sie ist immer noch total dürr und klein) und zieht sie an den Haaren in einen kleinen Raum neben der Wohnungstür. Ich bin total in Panik, höre sie nur noch schreien und jammern. Ich will in den Raum, kriege die Tür nur einen Spalt auf, sehe, wie Bulle Mama im Schwitzkasten hat. Ich schreie ihn an – schreie nur noch. Irgendwann ist es ganz still. Mama ist nicht mehr da. Ich frage Bulle, was er denn nun vorhat, er meint, dass er sich gleich in Oldenburg mit Thomas trifft (unser Völksen-Thomas!). Szenenwechsel: Sehe den neuen Freund von Mama, er sieht total fertig aus, dicke Tränensäcke unter den Augen, reden irgendwas. Szenenwechsel: Bin im ›Drink Out‹, da wird gerade umgebaut, muss mal aufs Klo, gehe aufs Männerklo, die Wände sind rausgerissen, plötzlich steht Gerdchen vor mir und meint, dass ich mich beeilen soll, wir müssten gleich los. Szenenwechsel: Bin in einem großen Zimmer, weiß, dass es in der Therapie ist. Helmuts Klamotten sind noch da, ich denke, der ist nun auch schon tot, und gehe mit einem Geräusch, wie es Helmut immer gemacht hat, raus.«

Als ich aufwachte, war ich völlig fertig; alles war so real und selbstverständlich, überhaupt nicht weit weg gewesen. Ich fragte mich, was Bulle mit Mama gemacht hat, sie war ja komplett verschwunden! Den Tag über war mir nur noch zum Heulen, es ging mir nicht mehr aus dem Kopf; ich machte sogar noch ein Telefoneinzel mit Dietrich. Alles, woran ich mich in dieser Zeit klammerte, war Jagger – er war mein letzter Strohhalm. Ich wusste aber auch, dass ich das nicht machen darf: Was, wenn er umknickt – knick ich dann auch um?

Am 12. Oktober machte ich meine erste Heimfahrt zu Papa und Melanie. Mit ihr fuhr ich zum Marktplatz 5, ich wollte mir nochmal die Szenerie angucken, wo ich zuletzt gewohnt hatte. Wir waren auch im Hausflur, ich konnte gar nicht glauben, dass da alles von uns echt weg war, dachte, gleich kommt Bulle um die Ecke – der fehlende Name auf dem Klingelbrett gab mir dann die nötige Realität. Ich schlief bei Melanie und fuhr am nächsten Vormittag zu Papa. Danach half ich Melanie beim Umzug nach Ricklingen. Am 14. war ich wieder im Haus, und am 16. begann meine Orientierungswoche in der Phase.

Flashback (die Open-Air-Aktion)

Ich war auf dem Weg in die Phase, saß an der Haltestelle Schlägerstraße und wartete auf die Bahn. Ich starrte vor mich hin und sah plötzlich Herrmann in der Bahn nach Laatzen, die gegenüber hielt. Er bemerkte mich auch, winkte aufgeregt und sprang dann raus und rannte über die Schienen rüber zu mir. Er merkte, dass ich etwas distanziert war, und fragte auch gleich, ob ich noch clean bin. Ich erzählte, dass ich gerade meine O-Woche mache und dass die Therapie echt gut sei. Er sah aus wie früher, nur etwas fertiger: lange Haare, schiefer Zahn, und sein Blick hatte sich verändert, wie bei allen Junkies, war nun verengt und hart. Er meinte, dass er seit fünf Tagen einen Affen schieben würde und gerade heute seine Unterlagen abgeschickt habe; er wollte auch bei der TKN Therapie machen, war sich aber noch etwas unsicher, ob er es schaffen würde – aber wenn ich es schaffe, meinte er … Ich konnte es gar nicht fassen und versuchte, ihn noch mehr zu motivieren. Wir verblieben so, dass wir uns in seiner Therapie wieder treffen. Ich freute mich total – noch einer von meinen alten Freunden, mit denen ich vielleicht was Neues machen konnte!

Herrmann ging mir nicht mehr aus dem Kopf, ich dachte an gute Zeiten mit ihm, z. B. unsere Fahrt zum Bruchhausener Open Air, wo wir Herman Brood sehen wollten. Voller Vorfreude waren wir auf den sich stetig füllenden Parkplatz gefahren; wir hatten uns eine Tüte für unterwegs gedreht, nebenbei warfen wir einen Trip ein. Wir hatten gute Micros, sehr lustig! Wir gingen zur Kasse – oder besser gesagt, »es« ging. Mit einem Mal waren wir so voll auf Sendung, dass wir direkt, nachdem unsere Karten abgerissen worden waren, wieder umdrehten und zum Auto zurückgingen.

Ich fing unkontrolliert an zu kichern, die Leute um uns sahen alle voll verzerrt aus. Herrmann ging es nicht anders; er verzerrte sich auch. Die Mundwinkel flatterten grinsend um mein Gebiss – ich bekam das Gefühl der absoluten Kontrolllosigkeit auf diesem unendlichen weiten Parkplatz! Wo war denn bloß das scheiß Auto abgeblieben? Herrmann sah sich auch suchend um, seine geweiteten Pupillen erkannten nichts wieder – WO waren wir eigentlich? Irgendwann entdeckte er den Wagen; ich hatte eh schon vergessen, wie er aussah. Erleichtert stiegen wir ein, froh, ein vertrautes Dach über dem Kopf zu haben – anders als das Gefühl, dass einem gleich der Himmel auf den Kopf fällt!

So breit Herrmann auch war, er musste hier genauso schnell weg wie ich. Vorsichtig bog er auf die Straße ein, die sich seltsam verengte und dabei Wellen schlug. Ich dachte nur: Wenn er das auch sieht – na, dann gute Nacht! Autos kamen uns plötzlich entgegen, und Herrmann wechselte erst mal die Seite, wir waren froh, dass wir überhaupt fuhren, da hatten wir noch gar nicht auf die richtige Straßenseite geachtet. Irgendwie bekam er die Fahrt unfallfrei hin, ich sagte kein einziges Wort, um ihn nicht unnötig zu irritieren. Ich wunderte mich nur noch, wie leicht alles ging – wir schwebten doch, oder nicht?!

Wir fuhren zu mir in die List, die Sonne schien, und wir stiegen verstrahlt aus dem Auto. Der Tag endete mit viel Musik und Kiffen, alles war gut.

An das letzte Mal, als ich ihn gesehen hatte, aus dem Polizeibulli heraus, dachte ich auch. Er war ein gehetzter Zombie geworden und sah völlig verranzt aus. Ich hatte ihn eigentlich auch schon abgeschrieben. Ich hoffte, dass er es packen würde, und ahnte nicht, dass ich ihn in der Haltestelle zum letzten Mal gesehen hatte.

Am 18. war ich zum ersten Mal wieder in der Passarelle – es war komisch, alles war noch so wie immer, nur ich war jemand Neues. Ich fühlte mich ziemlich anonym und guckte mir gerade ein paar Postkarten an, als ich plötzlich von zwei breiten Junkies angesprochen wurde: »Heey, Silvaana …, wir dachten, du bist toot!«

Erschrocken drehte ich mich um und sagte nur, dass ich in Therapie gegangen sei.

»Ach, dann bist du jetzt so richtig clean? Ist ja toll – wie lange denn schon? Alle haben erzählt, dass du hopsgegangen bist …«

Ich grinste sie an und meinte: »Totgesagte leben länger!«

Sie merkten, dass ich nicht unsicher wurde, und trollten sich. Ich fühlte mich ziemlich stark nach diesem Treffen – bis ich Mama von Weitem sah. Da ergriff ich dann die Flucht.

»Ich hab dich gesehen – und ich hab dich verachtet, Mama! Ich laufe vor dir weg; ich finde das schlimm, du bist doch meine Mutter. Es liegt in meiner Hand, ob ich wieder vertraut mit dir werden, mich mit dir verbünden will. Jetzt will ich es erst mal nicht, will gucken, was es sonst noch so gibt. Du machst seit Jahren dasselbe, wann wird es dir zu langweilig? Alles rauf auf den Löffel, gucken, wann es kocht, Filter, aufziehen, zielen, treffen, warten auf den Kick – und wehe, es ist Dreck! Dann ist das Gejammer groß. Du kotzt mich an, alle Fixer kotzen mich an! Du begreifst gar nix – ich kenne auch andere Seiten an dir, wo sind die geblieben? Ich hab das Gefühl, ich kenn dich gar nicht mehr – so fremd, andere

Welt, die mir doch noch so vertraut ist. Ich hab immer Angst um dich, Mama! Ich geh jetzt schlafen, gute Nacht – ach, du schläfst ja eh immer …«

Am 19. Oktober hatte ich wieder einen cleanen »Gedenktag«: Vor genau einem Jahr war ich in die Entgiftung gekommen. Ich ging mit Sabine frühstücken, traf mich mit Guido im Lister Kaffeehaus und mit Thomas am Kröpcke. Wir trafen unseren alten Therapie-Abbruchkollegen Uwe, er war aber nüchtern. Abends guckten wir in der Phase Video: »Sea of Love«.

Der nächste Tag brachte mal wieder den absoluten Dämpfer: Ich war bei Papa, der mir erzählte, dass Mama und Herbert an der Schlägerstraße wohnen – nur eine Station von der Phase entfernt! Auf der Rückfahrt stieg sie plötzlich in die Bahn ein – sie war total dicht und trug eine überdimensionale Tasche mit sich rum, voll mit geklauten Klamotten. Sie setzte sich, ich stand in der Tür, keine zwei Meter von ihr entfernt. Tausend Gedanken schossen mir durch den Kopf: Sollte ich sie begrüßen? Aber sie küsste ja schon wieder fast den Boden, wie peinlich – oder wissen eh schon alle hier, dass sie meine Mutter ist? Sollte ich sie packen und schütteln? Gleich würde sie vom Stuhl fallen … Im letzten Moment rappelte sie sich aber immer wieder hoch, nur ihr Gesicht, das hing total in den Seilen; sie sah mal wieder echt gruselig aus. Ich stand stocksteif in der Tür und sah ihr zu, wusste auch nicht, was ich machen sollte, wenn sie mich bemerkte – so tun, als ob ich sie nicht gesehen hätte?

Das Problem erledigte sich dann von selbst. So dicht, wie sie war, bekam sie doch mit, wo sie rausmusste. Hektisch ging sie an dem Fenster vorbei, hinter dem ich stand; sie sah mich nicht, sie sah niemanden mehr.

Ich konnte meine Gedanken mal wieder nicht stoppen: »Draußen heulen die Sirenen, und ich denke sofort: Ist sie jetzt tot? Ist es so weit? Manchmal denk ich, das wäre besser für alle. Wieso bist du immer so gnadenlos breit, wenn ich dich sehe? Da bleibt mir doch nichts anderes übrig, als wegzulaufen. Es gehört zu meinem jetzigen Leben, mich von den Zombies abzugrenzen, und zu denen gehörst du leider auch. Ich glaube, dir bleibt auch nix anderes mehr übrig, als dich so voll zu knallen, du bist ja ganz allein – sogar ich laufe vor dir weg! Du lässt dich durch die Gegend jagen von unserem alten Spielzeug – ich wette, deine Arme sind noch verbeulter als vor 13 Monaten. Ich könnte kotzen, wenn ich daran denke, wie wir uns gegenseitig diese Beulen verpasst haben. Mama, ich kann dich gar nicht richtig hassen – vielleicht schaffst du es ja bald, so oder so …« Nachts: »Ich bin so müde, Mama, gib mir einen Gutenachtkuss – dann kann ich endlich wieder schlafen. Du schläfst dich schon lange durchs Leben, bist lebensmüde, seit ich dich kenne – und manchmal denke ich, du hast mich angesteckt, hast mich in einer anderen Zeit ›gebissen‹ und mir dein Gift einverleibt. Die vielen Typen, die ich dann brauchte, um mir deine Todesküsse durch die Adern zu jagen – um endlich wieder schlafen zu können. Scheiße, Mama – wir waren ganz schön durcheinander.«

Ich redete mit Holly über alles, auch, dass ich die Kontaktsperre zu Junkies voll drin habe. Er meinte, dass ich jetzt als 3er eigenverantwortlich entscheiden könne, was ich mir zutraue; dass ich nicht zurückgestuft werde, nur weil ich meine Mutter oder andere zufällig treffe und mit ihnen rede. Und wenn ich mir den Kontakt mit ihr zutraue, ist das auch meine Entscheidung! Das waren klare Worte, nach denen ich mich nochmal stärker mit den Reizen der Droge auseinander setzte, um zu testen, ob ich ihnen auch gewachsen war: »Ich fühl mich fast wie früher – dieser Film da (»Alice B. Toklas«), so wie ich in einer anderen Zeit, bekifft mit Bulle. Ja, und heute und eben habe ich mal wieder gemerkt, wie viel Angst ich vorm Törn habe – Angst, mir wieder Scheiße in

Kopf und Körper zu tun. Ich bekomme richtige Hassgefühle, wenn ich Junkies sehe. Ich richte keinen Hass mehr gegen mich – I'm free, brauche keine Drogen mehr! Und so ist der Hauch des Todes, der dich umgibt – der Atem des Lebens.«

Mama

Am nächsten Morgen bat ich Papa um Mamas Telefonnummer und rief sie an. Ich musste ihr einfach erzählen, dass ich sie in der Bahn gesehen und mich nicht getraut hatte, sie anzusprechen. Ich wollte, dass ihr bewusst wird, wie abstoßend sie auf mich wirkt, wenn sie breit ist. Sie reagierte sehr ruhig darauf und fragte, ob ich nicht auf einen Kaffee vorbeikommen wolle. Mir kam die Eigenverantwortlichkeit in den Sinn, und da sie nicht dicht klang, stimmte ich zu. Mit einer echten Hochstimmung, weil ich sie mal wieder nüchtern sehen konnte, ging ich zu ihr. Komisch war es, als ich bei ihr klingelte – alles war so fremd, obwohl ich gerade die vertrauteste Person besuchte, die ich kenne!

An der Tür nahmen wir uns kurz in den Arm. Ihre Wohnung war nicht sehr groß, wir saßen in der kleinen Küche und redeten; ich sah mich immer wieder um, suchte vertraute Dinge aus der letzten Wohnung, es war nicht mehr viel da – aber trotzdem sah es nach Mama aus. Vor allem im Bad, da waren ihre ganzen Utensilien, die ich schon immer kannte, wie die große Dose Nivea. Nach über zwei Stunden ging ich und gab ihr meine Telefonnummer; sie sollte aber nur anrufen, wenn sie nüchtern ist.

»Ich fühl mich besser, bin aber etwas durcheinander. Du warst nicht so gnadenlos breit, wir haben geredet – ich hab versucht, dir Mut zu machen: Los, geh! Geh in die verkackte

Entgiftung! Versuch es ein einziges Mal bis zum Schluss – bleib bei dir! Sonst stirbst du, bevor du ein einziges Mal gelebt hast. LOS! Du musst es packen, ich hab Angst, dass deine Zeit bald vorbei ist. Du siehst doch mich, dein kleines Drogenkind; ich hab es bis jetzt geschafft und hab den Willen, es weiter zu packen. Ich bekomme richtig Angst vor Drogen – kannst du dir das vorstellen? Ich habe Angst vorm Törn!«

Am nächsten Tag bekam ich Post von Jagger: Er hatte meinen Besuch nun klargemacht, für den 26. Oktober – das war ja schon in vier Tagen! Ich verschob den Termin lieber um eine Woche. Mama rief an, wir sprachen vierzig Minuten, sie war so weit nüchtern, aber die nächsten beiden Tage rief sie mich breit an. Dann war ein Tag Funkstille, bis ihr Freund Herbert am 26. anrief und mir sagte, dass sie ins Nordstadtkrankenhaus eingeliefert worden war.

Ich fuhr sofort hin, da sah ich auch zum ersten Mal Herbert – er sah Bulle etwas ähnlich, war nur nicht so wuchtig. Mama hatte ihre sechste Lungenentzündung. Ich war vier Stunden bei ihr. Sie war ansprechbar und guter Dinge und wollte parallel entgiften und dann direkt zur Therapie nach Hohehorst bei Bremen. Am nächsten Tag war ich drei Stunden bei ihr, wir redeten sehr viel, und ich hatte den Eindruck, dass sie endlich mal etwas klarer sah.

Am 30. erzählte sie mir, dass sie schon in drei Tagen nach Hohehorst gehen könne – endlich! Sie war mir nicht vorher gestorben, es ging endlich los, wir konnten wieder auf einem Level sein! Jagger rief mich auch an – es war das erste Telefonat seit über einem Jahr! Er war richtig niedlich in seiner Unsicherheit und machte mich damit sicherer – ich hatte gedacht, nur ich fahre so einen Film!

Am folgenden Tag wurde meine Euphorie wieder gekillt. Herbert rief an und sagte, dass Mama letzte Nacht ins Delirium gefallen sei. Ich fuhr direkt ins Krankenhaus. So fertig hatte ich sie noch nie gesehen! Sie redete wirres Zeug und hatte offenbar Halluzinationen. Plötzlich sprang sie aus dem Bett, griff sich ihre Strickjacke und meinte, dass sie heute in Hawaii heirate!

»In der Jogginghose?«, fragte ich

Sie sah fast durch mich durch, meinte: »Wieso, das ist doch mein Brautkleid!«

Ich fragte, ob sie Herbert heiraten wolle.

»Wen? Den kenn ich gar nicht!«

Dann erzählte sie, dass sie ihre Mutter getroffen habe und Bulle. Der habe gemeint, es gehe ihm gut – und dann sei er plötzlich weg gewesen! Darüber war ich echt erschrocken, weil ich doch an die unsichtbare Welt glaube.

Sie wurde zum EEG, EKG und zur Tomographie geholt, wir warteten zwei Stunden, dann haute ich ab und fuhr zu Papa. Später holte ich mir das Rad aus der Phase und fuhr zwei Stunden im Regen durch die Gegend. Später in Völksen hatte ich noch ein Einzel mit Dietrich.

Am nächsten Tag schlief ich in der Phase, Mama besuchte ich nicht. Herbert hielt mich auf dem Laufenden, sie war inzwischen nicht mehr ansprechbar. »1.11., nachts – Mama ist seit zwei Tagen im Delirium, gestern Nacht ist sie abgedreht – sie lief auf den Flur, hat Papierkörbe durch die Gegend geschleudert und Möbel verrückt. Dann ist sie in andere Zimmer rein und hat da Randale gemacht. Jetzt bekommt sie Heidol und Distra und sabbelt absoluten Scheiß. Ich hab sie noch nie so FERTIG gesehen. Ich muss mir das nicht antun, gehe aber trotzdem hin – hab Angst, dass sie das diesmal nicht überlebt. Es hält mich total oben, dass ich morgen zu Jagger fahre – ich bin fast im Arsch, aber mir geht's fast gut.«

Jagger

Mit gemischten Gefühlen fuhr ich an meinem »Therapiegeburtstag« nach Warfleth. Jagger holte mich allein am Bahnhof ab, er sah aus wie früher, nur in nüchtern. Zuerst gingen wir in ein Omacafé, wo er mir ein Geschenk gab: einen Stoffeisbären. Dann fuhren wir ins Haus, es lag etwas abgelegen am Deich. Nachdem er mich kurz vorgestellt hatte, verschwanden wir in seinem Zimmer. Dort saßen wir erst mal ziemlich blöd nebeneinander auf dem Sofa, sahen uns nur selten richtig an. Wir wussten ja beide, warum ich hergekommen war – um zu sehen, ob wir noch eine Beziehung führen wollten. Es war komisch, bei ihm zu sein. Er hatte ja damals nie eine Wohnung gehabt; jetzt sah ich mal, was er sich so an die Wände hängt, ich fand es O.K.

Er war das ganze Wochenende ausgeklinkt, das hieß, dass wir nicht am Essen teilnehmen mussten – er holte alles aufs Zimmer. Später stiegen wir auf sein echt cooles Hochbett und hörten Musik. Wir beschlossen für diese Nacht, nicht miteinander zu schlafen, weil wir beide nicht wollten, dass dies das Einzige ist, was uns verbindet. Fast bis zum Morgen redeten wir über die letzte Zeit.

Am nächsten Tag gingen wir mit drei anderen aus seiner Gruppe über die Deiche, ich fand es total gut, mit ihm mal andere Sachen zu machen, ihn neu zu sehen. Abends war ich dann auch lockerer und verschwand gleich auf seinem Hochbett, wir aßen da oben Abendbrot und wollten den erst mal letzten Abend genießen. Nach der anstrengenden letzten Woche fiel die Anspannung nur langsam von mir ab. Nach anfänglichen Unsicherheiten fingen wir an, etwas rumzumachen. Aber geschlafen haben wir wieder nicht miteinander, ich glaube, wir merkten beide, dass etwas nicht stimmt, konnten es nur noch nicht in Worte fassen.

Am nächsten Morgen war ich ziemlich niedergeschlagen, ich frühstückte mit Jagger im Bett, dort blieb ich auch den ganzen Tag, hörte Musik, rauchte eine nach der anderen und starrte aus dem Fenster. Für Jagger war es, glaub ich, ganz schön anstrengend; er versuchte die ganze Zeit mich aufzumuntern, was ihm nicht gelang. Ich dachte viel an meine Zukunft in Hannover, dass ich am nächsten Tag meinen ersten Schultag haben würde, und war zu feige für ein klares Wort über uns: dass ich nicht seine Traumfrau bin, er mich aber trotzdem mag, und umgekehrt. Ich hatte so viel in unser Treffen reininterpretiert, dass es schwer war, was anderes zu denken und ihn als meinen letzten Strohhalm loszulassen. Ich war nicht mehr brennend verliebt, wie ich es gedacht hatte; bei ihm war es wohl genauso, sonst hätten wir uns schon die erste Nacht aufeinander gestürzt!

Trotzdem gab er sich echt Mühe, er war total nett und aufmerksam und gab mir ein vertrautes Gefühl. Um halb sechs musste ich wieder in den Zug steigen.

Die nächsten Tage besuchte ich Mama nach der STEP-Schule im Krankenhaus, sie war wieder ansprechbar und durfte auch für zwei Stunden nach Hause, um einige Dinge zu erledigen.

Am 9. November wurde ich mal wieder hart auf die Probe gestellt. Ich schlief bei Melanie, sie ging abends noch weg, und ich war allein bei ihr. Ich suchte im Bad nach Crème, fand aber was ganz anderes, etwas, das ich bei Melanie nicht erwartet hätte – und musste erst mal ganz viele Süßigkeiten essen: »Es ist 23:49 h – bin allein bei Melanie. Im Bad habe ich vor einer Viertelstunde sechs Rohypnol und Codein/Ephedrin-Tropfen gefunden. Ich bin etwas stolz auf mich, dass ich das jetzt nicht nehme (würde ja niemand merken). Mit den Drogen würde ich alles wegschmeißen, mich natürlich auch, alles wäre vorbei. Mir ist schlecht, weil ich total viel Scheiße gefressen habe, musste ich machen, denk mir, das ist besser, als Rohypnol zu fressen. Ich werde mich jetzt lieber mit Tarot beschäftigen.«

Ich sprach Melanie drauf an, sie war ganz erschüttert und sagte ihrer Mitbewohnerin, dass sie den Kram wegtun soll. Ich merkte mal wieder, dass ich nirgends sicher war, nur meiner selbst sicher sein konnte. Das ging auch geballt die nächste Woche so weiter, alles kam mir vor wie eine einzige Prüfung, egal wo ich hinging – ob es bei Mama im Krankenhaus war, wo ich einen alten Kollegen wiedertraf, der inzwischen Lungenkrebs und nur noch ein Jahr zu leben hatte, oder auf dem täglichen Weg übern Bahnhof zur Schule. 13. November: »20:25 h, im Zug, Stones im Ohr. Wie viele abgefuckte Menschen es gibt – manchmal, wenn ich im Zug sitze und scheiß Leute sehe, kommt mir der Hass hoch, und ich habe Visionen, wie ich sie alle abknalle. Damals wusste ich gar nix – nur, was für Drogen ich mir kaufen will. Eben ist Andreas, der Freund von Pitty, eingestiegen; er ist voll dünn geworden, früher war das so 'n Kanten! Er hat sich zu mir gesetzt, ich hab ihm verklickert, dass ich kein Interesse mehr an Drogen habe. Diese scheiß Junkies sind so stupide – so lächerlich! Ich will, dass keine Scheiße mehr passiert! Ich bin stark. Andreas kommt mit meiner Stärke nicht klar, deshalb muss er jetzt auf dem Klo Bleche rauchen. Armes, schwaches Schwein!«

Am nächsten Tag sah ich ihn mit Pitty, sie kauften sich gerade was am Bahnhof, ich ging weiter und kaufte mir Doc Martens. Etwas später sah ich Charly, meinen ehemaligen »Stiefvater«, und meine liebe Michaela – und bin beide Male schnell weggegangen, ohne dass sie mich sahen.

Der folgende Tag bildete dann auch den krönenden Abschluss dieser »Prüfungswoche«. Erst sprang mir am Bahnhof Pitty in die Arme und erzählte, dass sie auch Therapie machen wolle. Ich hoffte es für sie, ich mochte sie gerne und war erschrocken, wie übel sie aussah. Und, ob man es nun glaubt oder nicht, als ich mir im Zug nach Völksen eine drehte und den Ascher aufmachte, dachte ich, ich guck nicht richtig: Da lag eine unbenutzte Spritze mit hellbraunem Inhalt, fertig zum Abschuss – als ob sie für mich bestimmt war! Fluchend knallte ich den Ascher zu und ging in ein anderes Abteil. Kaum dort angekommen, setzte sich Sid zu mir – er trug seinen Spitznamen nicht zu unrecht: Er hatte schwarze Strubbelhaare wie Sid Vicious. Ich hatte ihn damals mit Michaela kennen gelernt; wir nahmen ihn mit zu ihr, und ich landete mit ihm in der Wanne. Als wir etwas heftiger rummachten und ich ihm vor lauter Wonne ins Haar griff – hielt ich den Schopf plötzlich in den Händen, und er saß mit Vollglatze da! Er hatte gerade eine Chemotherapie gemacht, erklärte er – nun war alles klar, aber die Erotik weg, und wir stiegen aus der Wanne.

Nun saß er breit neben mir im Zug. Über ein Jahr war vergangen, und er war voll draufgekommen – damals war er noch ein »Manchmal-User« gewesen. Er sagte, wie toll er es fände, dass ich clean sei, und dass er auch Therapie machen wolle.

In Völksen machte ich direkt ein Einzel mit Merty. Die letzten Tage waren echt heftig, als ob eine mir bekannte Macht mich wieder weich machen, mich wiederhaben wollte, damit ich mein Leben verpulvere... Ich hatte das Gefühl von unsichtbarer Beobachtung: Irgendetwas prüfte ganz genau meine Gedanken und Handlungen – hört sich etwas paranoid an, aber dadurch prüfte ich mich selbst noch genauer. Jetzt war das alles keine theoretische Therapiestunde mehr, jetzt war es die Wirklichkeit! Die ganzen Leute, die ich die letzten Tage gesehen hatte – vor allem meine lieben Leute und nicht nur irgendwelche Statistenjunkies –, zeigten mir, dass sich die Wege gegabelt hatten. Ich konnte jederzeit wieder auf ihren Weg einbiegen – sie umgekehrt allerdings nicht. Ein Jahr clean sein bedeutet in der Szene zwar ziemlich viel – aber noch nicht genug, um sicher sein zu können; noch konnten sie mich beeinflussen mit ihrem selbstsicheren, breiten Getue und dem ungläubig-abfälligen Gegrinse über die Abtrünnige.

Post vom Hausdealer

Jetzt war es so weit, Mama kam in die Therapie. Sabine und ich wollten sie hinbringen. Ich hatte die ganze Zeit Angst, dass Mama sich doch noch was reintat, weil sie ja nun für lange Zeit – also nie wieder – was nehmen konnte/sollte/durfte. Ich fuhr zu Melanie und räumte vor lauter Nervosität ihre Küche auf, zwischendurch telefonierte ich immer mal wieder mit meiner nervösen Mutter.

Am nächsten Morgen frühstückte ich bei Mama, vor lauter Aufregung fraß ich total viel, dann kam Sabine, und wir fuhren nach Bremen und lieferten Mama endlich in Hohehorst ab.

Auf der Rückfahrt konnte ich es noch gar nicht fassen: Meine Mutter war in Therapie! Sie war in Sicherheit! Es war wie ein ganzer Zentner, der von mir abfiel – nun konnte ich mich endlich auf andere Dinge konzentrieren, auf meine eigenen, mutterunabhängigen Dinge.

Ich fuhr zu meiner Cousine Romana und fühlte mich dort aufgehoben, mit Gesichtern, die mir seit frühester Kindheit vertraut waren. Wir unterhielten uns viel über alte Zeiten, es riss aber nichts auf bei mir. Nach dem Besuch kehrte eine alte Sehnsucht zurück: Ich wollte auch ein sicheres Zuhause haben; Völksen war nur eines auf Zeit. In sechs Wochen zog ich aus und musste dann allein klarkommen in meiner alten Stadt.

Ich bekam von unserem alten Hausdealer Norbert Post. Ich hatte ihm geschrieben, nachdem ich herausbekommen hatte, in welchem Knast er saß. Warum ich diesen alten Kontakt wieder aufwärmte, weiß ich heute nicht mehr, vielleicht hatte es damit zu tun, dass ich mich mit ihm immer am »intelligentesten« unterhalten konnte; er gehörte nicht zu dem ordinären Junkievolk. Er nahm zwar auch mal was, und er war es gewesen, der mir meine erste richtige Shoreline angeboten hatte, aber er war für mich kein Vollblut-User. Ich hatte ihn in meiner heftigen Zeit nicht mehr gesehen, deshalb dachte ich, ich sollte ihm mal ein Lebenszeichen geben und die neuesten Entwicklungen mitteilen.

Norbert schrieb: »Silvana – Silvana – Silvana! Eigentlich müsste ich es tausend Mal schreiben, so oft habe ich an dich gedacht. Das Traurige war, dass ich nicht mehr an deine Anschrift kam, hatte nur gehört, dass du Therapie machst. Dein Brief war so gedrängt voll mit Neuigkeiten, die ich erst mal gedanklich verdauen muss, sodass ich heute nur schreibe: Ich bin stolz auf dich! Und ich hab nichts davon gewusst! Trotzdem spricht es mich nicht frei, und ich möchte mich bei dir entschuldigen, dass ich nicht mehr Druck bei Bulle, Gitti und Tini gemacht habe, um zu erfahren, wo du abgeblieben bist. Alles, was zwischen Fundstraße und Knast war, davon wusste ich nichts. Es hat mich auch verflucht hart getroffen, dass du mehrmals versucht hast, aus dem Leben zu gehen. Dass du im Knast bist, habe ich dann gehört, ich schrieb dir gleich, der Brief kam aber zurück. Ich freue mich, dass du die Therapie voll annimmst. Es wird zwar immer wieder Zeiten geben, wo Geduld gefragt ist, weil nicht alles so läuft, aber sinnlos ist nichts. Du fragst, ob ich clean bin (jein). Bitte vergiss nicht, ich habe nie gedrückt und war auch noch nie abhängig, habe einfach ein anderes Verhältnis zu Drogen.«

Es war ein kleines Spiel mit dem Feuer. In den nächsten Wochen hatte ich regen Briefkontakt mit Norbert, ich brannte darauf, ihm meine neuesten Erkenntnisse über die Sucht mitzuteilen. Vielleicht wollte ich ihm aber auch nur mal zeigen, was es heißt, auf der anderen Seite zu stehen, süchtig zu sein – von dem, was er sorglos unters Volk gestreut hat.

Transformation

Ich schlief bei Melanie, ihre Mitbewohnerin hatte Geburtstag und machte eine Party – es war aber total gähn, ich verzog mich in Melanies Zimmer. Ich legte mir die Tarot-Karten. Als erste zog ich den Tod, danach die Waffenruhe und als dritte die Niederlage.

Die Stichworte zum Tod waren: Transformation, Befreiung aus alten Verstrickungen, äußerliche Veränderungen. Der Hinweis war: Du bist jetzt bereit für die notwendigen Veränderungen in deinem Leben, akzeptiere die Schmerzen, die der Verlust des Alten mit sich bringt. Die alten Verhältnisse drängen nach Auflösung. Frage: An welchen überlebten Beziehungen oder Situationen hältst du fest? Anregung: Solange wir noch einen Rest von Angst vor dem Tod und dem Sich-fallen-Lassen in uns haben, können wir nicht richtig leben. Affirmation: Jedes Festhalten, jedes Nein hindert mich im natürlichen Lebensfluss. Ich sage jetzt Ja zum Leben, Ja zum Tod, Ja zu mir.

Waffenruhe: Zentriertheit, Klarheit, geistige Reinigung, Erweiterung. Vollkommene innere Vereinigung: Integration aller vier Ebenen von Verstand, Emotion, Körper und Seele.

Niederlage: Angst vor Niederlage oder Verlust, Angst vor schmerzhaften Erfahrungen. Das Gleichgewicht ist verloren gegangen. Auf der Karte: Das auf dem Kopf stehende Pentagramm ist von Blutstropfen gerahmt: Alte Wunden werden wieder angerührt und zum Bluten gebracht. Der Fisch repräsentiert die alte Vergangenheit, die schlafende Schlange zeigt, dass keine Erneuerung stattfindet, die nach unten gerichtete Krone symbolisiert verlorene Bewusstheit, Widderhörner zeigen: Neue Impulse fehlen, und nichts will in Gang kommen. Die angedeutete Muschel drückt Schutzbedürfnis aus. Die Angst vor Niederlage beherrscht den Augenblick. Diese Befürchtungen sind im Zusammenhang mit Beziehungen zu sehen – oder allgemein mit Neubeginn. Es ist die Angst, die Kontrolle zu verlieren, die Erfahrung zu machen, dass alles dem eigenen Zugriff entgleitet. Hinweis: Das Ziehen dieser Karte zeigt, dass du bereit bist, deine Angst vor Niederlage zu sehen. Durch die Anerkennung kann die in dieser Angst gebundene Energie freigesetzt und losgelassen werden. Jede Angst ist irrationaler Natur und muss nicht mit der Wirklichkeit übereinstimmen. Nur verstehen und loslassen befreit. Frage: Was assoziierst du mit Niederlage? Anregung: Wenn alte Wunden nochmal aufgedeckt werden, erlaube dir, den Schmerz zu fühlen, nur so können Wunden heilen. Affirmation: Ich stelle mich meiner Angst und lasse los.

Am nächsten Tag fuhr ich zu Papa und putzte seine Küche, es war echt nötig. Danach kochte ich einen Steckrüben-Möhren-Eintopf; aber er hatte keinen Hunger, als er angesoffen nach Hause kam. Später traf ich Biggy, sie erzählte, dass Mario auch am Ballern ist, es interessierte mich nicht. Das Nächste, was ich von ihr hörte, war, dass sie mit Mario beim Ballern den Kürzeren gezogen hatte und zu den Ahnen abgeflogen war; er machte es ihr bald nach …

Abends war das Hermann-Brood-Konzert, aber als ich zurück in Völksen war, erfuhr ich, dass das Team das abgeschmettert hatte. Dabei hatten wir es vorher klargemacht, und sie wussten, wer Hermann Brood war: ein Drogist, wie er im Buche steht. Sie hatten Angst, das Konzert würde das reinste Junkietreffen werden, der Ort, an dem wir alle umkippen, nur weil wir einem anderen Junkie beim Singen zugucken ... Hatten die überhaupt ’ne Ahnung, was mir fast jeden Tag im Zug begegnete? Oder bei Kaufhof und überall? Die Zombies krochen überall rum – selbst im letzten Omacafé! Ich versuchte es den Therapeuten zu verklickern, aber sie ließen sich nicht drauf ein.

An Papas 40. Geburtstag fuhr ich schon mittags zu ihm. Ich machte seine Bude fit, wischte alles und hängte neue Gardinen in die Küche. Als er kam, war er schon ziemlich besoffen und hatte keinen Blick für seine saubere Bude. Er hatte Kuli im Schlepptau, der mich blöd grinsend nach einem Brösel fragte. Der Arsch wusste doch, dass ich in Therapie war! Er handelte sich auch gleich einen Spruch von Papa ein. Ich hatte keine Lust, mir das Besäufnis anzugucken, und fuhr bald nach Völksen. Dort hatte es wohl auch ein Besäufnis gegeben, bei Chris und zwei Neuen wurden positive Alk-UKs festgestellt. Chris musste gleich gehen; die anderen bekamen noch eine Chance.

Am nächsten Tag kam ein fetter Brief von Norbert:

»Mädchen, du schreibst phantastisch – wo ich einen Brief nach dem anderen zerreiße. Und wenn es ein Phantasiebild von dir gab, dann trifft es genau das Foto, das du mir geschickt hast – etwas ernst, doch die Tiefe ist zu spüren. Wenn du fragst, ob ich noch so bin wie früher, kann ich nur antworten: Meine Welt steht einfach für fünf Jahre still, und ich werde in zwei Jahren so rauskommen, wie ich war. Zurzeit habe ich ein Protest-Gnadengesuch laufen mit der Chance eins zu einer Million. Für mich spielt es auch eine Rolle, dass ich zu ein paar Menschen draußen dasselbe Feeling behalte; und auch wenn ich von einigen bis zur Entlassung nichts höre, versuche ich es zu verstehen.

Nun zum Thema Drogen, ich hatte es im letzten Brief etwas kurz berührt, dachte, es ist wie in Judiths Therapie: Drogenthema vermeiden! Obwohl ich seit 1970 mit den verschiedensten Drogen mehr oder weniger immer wieder zu tun hatte, hab ich mich doch erst nach der letzten Verhaftung damit auseinander gesetzt und auch kapiert, was es heißt, süchtig zu sein. Silvana, irgendwie hast du mich wohl als Drogendealer gesehen und kennen gelernt. Nicht, dass ich mich entschuldigen will, doch letztendlich war es für mich nur eine Freizeitbeschäftigung, ich nahm an, dass ich einigen Leuten einen Gefallen tue.

Ich weiß nicht, ob du mir glaubst, dass ich nicht abhängig bin, auch wenn ich im Moment fast täglich Hasch rauche. Kannst du nachvollziehen, dass Drogen etwas Besonderes sind? Und es ist nicht zu vergleichen mit Schussgeilheit, wobei ich aber auch nicht weiß, was das ist. Doch dass sehr viel dran sein muss, zeigen ja die vielen Abbrüche. Du sagst: Sie hatten Angst vor sich selbst – eine starke These! Ich kann es vielleicht nachvollziehen, denn ich habe auch diese Angst. Doch deswegen nehme ich keine Drogen, die haben einfach sehr viel mit Sehnsucht zu tun, mit dem Alleinsein, der Angst vor dem anderen. Du schreibst: Ich gehe jetzt anders mit meiner Sehnsucht/Sucht um; bei mir müsste es heißen: Die Sehnsucht könnte zur Sucht führen. Es gehört viel Mut dazu, total offen zu sein, offen in seinen Gefühlen. Ich wusste auch nicht, dass du dich immer wieder neu motivieren musst, dagegen ankämpfen musst. Was reizt dich noch an der Sache!? Warum sagst du, du bist Junkie auf Lebenszeit?«

Ich antwortete ihm immer umgehend, damit auch ja keine Fragen offen blieben.

In den nächsten Tagen ging ich brav zur Schule, traf mich mit meinen Leuten in der Stadt oder lief mit meiner Klassenkameradin Sandra durch die Gegend, der ich immer den Iro hochstellen musste. Monika schlief ein paar Mal bei mir, Def ließ mich grüßen, ich bekam Post vom Rettungsdienst, sie wollten Geld für einen meiner Transporte (Dietrich regelte das für mich), fuhr zu Papa und nahm Musikvideos auf, guckte mir das »Rocktheater Nachtschicht« an, sah Charly in der Stadt, er lief mit ein paar anderen Junks rum, fand, dass er ganz fit aussah.

Am 11. Dezember ging ich das erste Mal wieder mit den anderen über den Raschplatz, es gehörte zu unserer Reha. Wir trafen Chris, und ich sah Angela aus Kayhausen wieder, sie sah schon fast wieder aus wie Biafra. Ich dachte daran, dass ich genau vor 15 Monaten verhaftet wurde, und ging einigermaßen stolz über den Platz.

Ich bekam an diesem Tag auch wieder Post von Norbert, er schrieb u. a.:

»Dass du auf keinen Fall rückfällig werden willst, ist voll O.K., und es ist auch das, was ich mit allen Kräften unterstützen möchte. [Anmerkung: Diesen Satz bitte merken!] Es ist auch voll O.K., wenn du dich von alten Bekannten fern hältst, wo du weißt, es sind Drogen im Spiel – doch noch lieber würde ich von dir hören: ›Nein danke, reizt mich nicht. Kick ist auch immer das Gleiche, und überhaupt, warum breit sein?‹ Das mag sich einfach anhören, und es ist auch spitze, wenn du einen Bogen drum machst – doch irgendwann kommt man in eine Situation, wo man merkt, es sind Drogen im Spiel. Und dann ist es so verflucht wichtig, dass sie keinen Reiz ausüben – ganz egal, in welcher seelischen Verfassung man ist. Das hört sich an, als würde dir der Seelsorger von Meppen Ratschläge geben – aber sieh es nicht so. Was für mich leicht ist und fast täglich erprobt wird – damit du dir ein Bild machen kannst, es geht hier zu wie am Raschplatz –, muss für dich nicht das total Wahre sein. Deine Texte sind sehr gut, es wäre toll, wenn sie gedruckt werden könnten.

Ich kann mich noch gut dran erinnern, als ich das erste Mal bei euch war – und ich habe Bulle um Gitti beneidet! Ich glaube, dass du ihr Kraft geben kannst, ihr neue Wege aufzeigen kannst, zumindest wenn sie mit den Anfangsschwierigkeiten der Therapie fertig wird – und das wird nicht leicht für sie! Tja, Bulle ist für mich eigentlich nur ein guter Knastkumpel gewesen, aber auch der Anstoß zu unserer Freundschaft. Ich erinnere mich an ein Streitgespräch zwischen Bulle/Gitti und auf der anderen Seite Silvana/Norbert – es ging um irgendwelche Klamotten für dich; sie hätten es so gern gesehen, wenn du wie ein liebes, nettes, adrett verpacktes Mädchen rumgelaufen wärst.

Für mich war es der Auslöser, hinter deine Fassade zu gucken – und dass ich sehr überrascht war, dürftest du ja wohl gemerkt haben.«

Am 12. war ich bei irgendeinem Fest im Therapiehaus Düsterntal, ich schlief da auch. Am nächsten Morgen musste ich früh raus, eine Therapeutin wollte mich mit nach Hannover nehmen. Im Raucherraum saß Micha, mein neuer Schwarm. Wir verabredeten, dass er mich von der Schule abholt. Micha war Ende zwanzig, auf den Armen ähnlich tätowiert wie meine Väter, hatte dunkelbraune Haare um ein markantes, hübsches Gesicht – ich fand ihn total süß. Was die Sache ein wenig beeinflusste, war seine HIV-Infektion. Wir gingen Kaffee trinken und danach zu seiner Ex-Freundin, er wollte ein paar Sachen holen. Dort gab's erst mal eine fette Beziehungsklärung, die ich zwar äußerst interessant fand, aber irgendwann auch langweilig ... Ich telefonierte im Dezember fast täglich mit ihm, oft gesehen haben wir uns aber nicht, weil er noch im Haus wohnte und da voll eingespannt war.

Am 15. war ich auf dem Flohmarkt und fuhr dann zu Papa, er war später so besoffen, dass ich wütend abhaute. In Völksen erwartete mich dann der erste Brief von Mama aus Hohehorst: »Hier geht es ganz gut ab, bin froh, dass ich die Therapie angefangen hab. Ich denke oft an dich und Yvonne. Ich warte auf die Adresse von den Pflegeeltern, damit ich mit denen in Kontakt treten kann. Im Moment sind wir hier fünf Frauen. Ich darf in den ersten zwei Monaten nur zwei Briefe schreiben, dies wird also erst mal der einzige an dich bleiben;

Herbert hat auch schon einen. Hier ist eine gute Lungenärztin, die hat mich voll durchgecheckt, es ist wieder alles O.K., nur die Pillen muss ich noch nehmen. Im Frauenhaus bleibe ich zwei Monate, dann muss ich ins Haupthaus; paar Leute kenn ich da auch von draußen, aber egal, da muss ich durch. Muckel, ich hab dich voll lieb, die Zeit, die ich mit dir im Krankenhaus verbracht habe, war echt schön. So viel und so lange haben wir uns noch nie unterhalten. In Zukunft wird keiner mehr zwischen uns stehen, ich hoffe, du weißt, wie ich das meine. [Anmerkung: Diesen Satz bitte merken!] Ich bin stolz auf dich, dass du die Therapie durchgehalten hast, denn so leicht ist es ja doch nicht, das merk ich jetzt selbst. Mein Arbeitsbereich ist die Küche, dazu gehört auch das Wecken um 6:30 Uhr, aufstehen geht aber ganz gut. Was macht die Schule? Kommst du klar? Ich hab manchmal auch echt Heimweh, aber abhauen würde ich nicht.«

Weihnachtspogo

Ich hatte das Gefühl, dass mir die Zeit durch die Hände rann, bald sollte mein Auszug sein: »Weiß nicht, was mit mir los ist. So viel. In 17 Tagen hau ich hier ab. Meine ganzen Bilder stehen hier rum, hab eben Kassetten und Fotos weggeschmissen. Wenn ich das Foto von mir und Jagger sehe, werde ich irgendwie traurig. Ich fühl mich allein zurzeit, aber ich werd nicht rückfällig deswegen. Ich bin auf der Suche, immer noch, schon seit Jahren. Ich lass mich aber nicht fallen – in das tiefe Loch der Traurigkeit! Vielleicht hab ich auch einfach nur Angst, diesen totalen Schutzraum zu verlassen, 14 Monate hab ich dann hier gewohnt.«

Ich bekam Post von Sancho; sie fragte, ob ich zum Weihnachtspogo käme. Sie hatte auch mit allem aufgehört, außer mit kiffen, mit Def war sie nicht mehr zusammen. 22. Dezember: »Beim Weihnachtspogo merkte ich, dass das nicht mehr meine Szene ist, weil sich alle nur breit machen. Ich bin auch kein Punk, bin Silvana. Vermisse dieses Gefühl, als ich zum Bahnhof ging und Sancho da saß: in mir dieses Happy-Sein, so viele Punks, und ich kann dazugehören, und man kennt mich auch noch ... Über zwei Bierkästen gelatscht, mich durch die Horde gezwängt, diese Sicherheit – niemand kann mir was tun. Dann zu Sancho auf die Treppe, wie früher, irgendwer machte Fotos. Und dann der Absturz: Das ist es nicht mehr. Hab ihr meine Adresse gegeben und bin schnell weg, in die U-Bahn, Kaffee geholt, Def getroffen – er ist auch auf Shore, Def ist jetzt auch ein scheiß Junk-Punk! Bin hoch zum Gleis, mein Zug kam erst in 25 Minuten. Guckte durch die große Scheibe, sah sie alle da stehen und hab mich so scheiße gefühlt!«

Im Haus saß ich noch lange mit Ewu zusammen, mit ihm kam ich immer besser klar, wir lachten viel zusammen.

23. Dezember: »Wenn ich solche Meldungen höre: ›Neuer Aids-Impfstoff, sehr verträglich, blablabla ...‹. Ich werd nix mehr darauf geben. Klar hab ich Muffe, dass mir alle wegsterben – aber das ist doch jetzt überhaupt kein Thema. Mama geht's gut, Micha geht's gut, Dietchen ist tot, scheiße ... Ich sitze in meinem Bald-nicht-mehr-Zimmer, hab Sound an, mache Kunst, sortiere alte Sachen aus und rede mit niemandem. Ich kann mein Alleinsein jederzeit abstellen. Manchmal kommt Heike rein – aber sie nervt und sabbelt in ihrer Babysprache uninteressantes Zeug. Morgen ist Weihnachten, und ich hab den Tag total voll gepackt mit Dates. Das Blut auf meinen alten Bildern ist braun, draußen regnet es, und ich lebe.«

Über Weihnachten fuhr ich zu Papa und schlief bei Romana, es war alles so weit ganz gut.

Am nächsten Tag guckte ich bei ihr Fernsehen: »›Tommy‹ ist grad in der Glotze. Diese Maschine, wo überall Spritzen drin sind – kann man mit weggesprengt werden –, ging mir auf eine blöde Art rein; hat mich nicht angemacht, eher Ekel. In der Küche ist Pink-Floyd-Tripmusik. Ich muss unbedingt mit guten Leuten zu tun haben. Habe wieder Angst, dass mir jemand wehtun könnte. Sadistisch, dieser scheiß Who-Film – nehmen alle Drogen, diese Wichser! Abstoßend. Ich war auch mal so. Absolut im falschen Film, in Mamas Film, bin dann aus der Rolle gefallen. Ich bereue nix! Auch nicht die scheiß Nacktfotos, die Mario von mir haben soll, wie ich gestern gehört hab. Soll er sich doch den Arsch damit abwischen oder einen drauf wichsen! Ich brauch mich für gar nix schämen – schon gar nicht für meinen Körper.«

Die Nacktfotos können eigentlich nur durch Michaela zu ihm gelangt sein, denn sie hatte denselben Freier wie ich und hat wohl auch mal eine Schrankkontrolle bei ihm durchgeführt. So hab ich ja damals auch Ella wiedergesehen – auf einem Foto bei ihm im Schrank, nackig auf seinem Bett. Ich hatte aber so gar keine Lust, mich um die »intimen« Fotos von mir zu kümmern und Kontakt mit Mario aufzunehmen. Ich verschob es erst mal, bis ich hörte, dass er gestorben sei – und dann war es mir sowieso egal.

Am 28. erfuhr ich, dass Tommy in der Phase rückfällig geworden war.

Endlich bekam ich einen Brief von Jagger: »Ich wollte dir schon früher schreiben, habe es immer verschoben. Ich habe gemerkt, dass ich zu dir nicht das Gefühl habe, dass ich dich liebe und mit dir mein Leben in einer Beziehung verbringen möchte. Ich denke, es war so, dass ich Sehnsucht nach einer Frau hatte und dann in meine Briefe viel an Gefühlen reingetan habe, die beim Schreiben auch stimmten. Als du hier warst, habe ich gemerkt, dass es doch anders ist. Ich finde es auch scheiße, dass ich mich nicht früher gemeldet habe, aber vielleicht kannst du es ja verstehen, denn ich will dich auch nicht verletzen. Ich wollte dich auch nicht verarschen; ich hab gemerkt, dass ich dich auf eine andere Art gern hab. Vielleicht lässt du ja was von dir hören.« Das wusste ich alles schon – es war mir ja selbst klar geworden. Er machte sich da anscheinend mehr Gedanken als ich, denn ich war ja schon wieder anderweitig verliebt.

Ich klärte endlich mit Heike ein paar Dinge: dass ich in Zukunft nicht mehr viel mit ihr zu tun haben will, dass ich misstrauisch ihr gegenüber bin und dass sie nicht zu mir in die Phase ziehen soll. Ich zeichnete ein Bild, auf dem ich als fieser Clown zu sehen bin und sie erschieße, nachdem sie wieder so übertrieben über nichts und wieder nichts gelacht und dabei mit den Armen gewedelt hatte. Sie ging mir vollständig auf die Nerven!

Mamas Therapie

Die ersten Auszüge aus Mamas Wochenberichten:

»18.11. – Ich bin froh, dass ich jetzt hier bin. Ich weiß nicht, was in Therapie so abläuft, nächste Woche kann ich bestimmt mehr darüber schreiben.

25.11. – Ich find es total gut, dass man hier nicht so zum Nachdenken kommt. Abends denke ich zwar oft an meine Kinder, aber ich weiß, dass es ihnen gut geht. Mit dem Einleben wird es jeden Tag besser. Es ist voll gut, morgens aufzuwachen ohne Schmerzen, total clean. Als Nicole ging, war ich ein bisschen froh, denn sie war mir voll auf die Nerven gegangen mit ihrem Drang nach draußen. Als dann aber auch noch Bettina abhaute, bekam ich ein komisches Gefühl – ich wollte zwar nicht weg, aber mir war echt komisch.

2.12. – Die Arbeit im Haus macht voll Bock, besonders das Streichen. Ich muss es irgendwie schaffen, dass ich Yvonne herholen kann. Den Streit zwischen Moni und Petra fand ich beschissen. Als Petra aufsprang, kam mir alles wieder hoch, von damals, als ich auch geschlagen wurde.

9.12. – Bin jetzt mit Simone allein im Zimmer. Sie hat Abbruchgedanken, und ich komm da voll mies drauf, aber bestimmt auch nur, weil ich ab und zu an draußen denke. Was mich auch nervt, ist, dass ich viel vergesse und mich an viele Sachen nicht erinnern kann.

16.12. – Hab die letzten Tage oft an draußen gedacht, aber nicht ans Abhauen.

23.12. – Simone ist gegangen, Martina ist rückfällig geworden. Bei Simone hab ich es schon vorher gespürt. Als Susi das mit Martina erzählte, hab ich sofort auch ans Drücken gedacht. Hab mir vorgestellt, wie geil es wohl wäre. Ich weiß aber, dass mir damit nicht geholfen ist, wenn ich jetzt gehe. Ich glaube, dass Heiligabend trotz allem schön wird, natürlich werde ich meine Kinder vermissen. Ich schreibe jetzt jeden Abend den Arbeitsbogen ›Gefühle‹, wusste gar nicht, was bei mir am Tag so abgeht.

30.12. – Weihnachten fand ich schön. Es war mal ganz anders als sonst. Keine Hektik und total nüchtern. Als ich mich in der Gruppe dazu entschlossen hatte, mit Herbert Schluss zu machen, ging mir vieles durch den Kopf. Klar, ich hab ihn auch benutzt, es war ja auch echt bequem. Ich hoffe, dass ich jetzt mal endlich anfange, was für mich zu tun. Freitagabend habe ich mich mit Britta heiß geredet, ich wollte mit ihr zusammen abbrechen. Als ich mich dazu entschlossen hatte, hab ich in keiner Weise an meine Kinder gedacht. Ich war froh, als Uschi mit mir geredet hat, da fiel es mir auch nicht mehr schwer hier zu bleiben. Ich weiß, dass ich sehr labil bin, und wenn ich mies drauf bin, ist es ein leichtes Spiel, mich zu überreden.«

Abschied von Völksen

Silvester machte es sich die ganze Gruppe im Fernsehraum bei Kerzenlicht gemütlich. Wir alberten viel rum und gingen dann auf den Berg, es war alles total witzig und gut. Danach telefonierte ich noch eine Stunde mit Micha. Ich schrieb: »2:25 h – So, es ist so weit, es ist zu Ende. Der Mond scheint mir voll ins Fenster, auf meinen Kopf, und Iggy Pop singt ›We will have a real cool time‹. Auf dem Berg hab ich kein Mal an Mama gedacht – ich will auch im Moment nicht mehr an sie denken, hab gemerkt, dass es mir mit anderen Leuten besser geht als mit ihr die ganzen Jahre. Scheiße, eben wollte sich ein leises Gefühl einschleichen – schlechtes Gewissen? Aber warum denn? Ich hab doch meine ganze Therapie mit ihr verbracht! Meine ständige Sehnsucht und Hoffnungen und Gedanken an sie! Ich will meine Sehnsucht jetzt anders stillen, ich werde nie mehr ihr Baby sein. Will nicht mehr drüber nachdenken, werde mir weiter den Mond in den Kopf scheinen lassen und dafür sorgen, dass ich gute Zeiten habe!«

Morgens: »Die Sonne scheint, wirft Schatten. Dire Straits im Radio, Erinnerungen an Spanien '79. Heute pack ich meine Welt in Kartons.« Ich war einigermaßen euphorisch drauf, ich hatte etwas Wichtiges beendet, nun ging es weiter. Aber die Hochstimmung ließ nach, je später es wurde: »2:10 h – draußen ist Sturm, in mir auch. Das ganze Haus schläft, meine Zeit ist hier vorbei. Die Geburt ist vollendet. Wie fühl ich mich? Tausend Wellen schießen in den Kopf, es ist gut. Ich bin gewachsen, stärker. Kann mich von hier total ablösen. Dies ist nicht mehr meine Welt. Kann alleine laufen und hab Netze, die mich auffangen. Wovor sollte ich Angst haben? Ich hab alles selbst in der Hand!«

Nachdem ich am nächsten Vormittag meine Sachen in den

Bulli gepackt hatte, machte ich meine Abschiedsgruppe; es war üblich, dass man sich am großen Tisch mit Kaffee und Kuchen traf und die Gruppe ein Geschenk überreichte. Man reflektierte über die Therapiezeit, und danach bekam man von jedem noch ein Feedback und die besten Wünsche.

Von den Neueren bekam man meistens nur die besten Wünsche, sie wussten nicht, was man so durchgemacht hatte. Björn musste wieder patzig werden und meinte, dass er mich in meiner Stufe-3-Zeit nicht richtig mitgekriegt hätte und deshalb nicht wüsste, wie gefestigt ich sei; aber er wünsche mir viel Glück. Ich nahm es gelassen, er war ja noch ein Kind und schielte immer nach dem Status der anderen. Dass er und die anderen mich kaum mehr mitgekriegt hatten, war auch normal, das ist bei jedem 3er so; man orientiert sich nur noch nach draußen. Die Hausgruppen empfindet man als Kinderkram, man hat das alles hinter sich, man hat genug davon, zum zigsten Mal wegen einer stehen gelassenen Tasse oder wegen eines Lichts, das nicht ausgeschaltet war, aus der Dusche zu springen, nur weil die Neulinge es nicht rafften! Diese Gruppe war nicht mehr meine, meine Leute waren fast alle schon weg.

Nachdem ich nochmal in mein leeres Zimmer geguckt hatte, stieg ich in den Bulli und fuhr in mein neues Leben.

Raus aus der Käseglocke

Die Phasen-Wohnung in der Böhmerstraße hatte einen großen viereckigen Flur, von dem ein Durchgangszimmer und drei einzelne abgingen, das kleinste – höchstens 10 Quadratmeter groß – bekam ich; es hatte ein Hochbett von einer Wand zur anderen. Ich machte es schnell gemütlich, hängte als Erstes meine Morrison-Flagge ans Fenster. Ansonsten hatte ich ein paar Pflanzen angesammelt, Tücher und meine eigenen Bilder. Holly wohnte zum Glück auch noch da, er war aber oft in der Steyerberger-Phase, weil er mit meiner alten Bekannten Britta zusammen war.

Die ersten Tage ging es mir ziemlich durchwachsen. Die Kontrolle war weg, kein Therapeut im Nebenzimmer, nur Ulli kam alle zwei Wochen vorbei. Kleine Gedankenteufel belagerten mich, wollten mich austesten. Ich dachte viel an Micha, wollte, dass er bei mir ist, aber er wohnte noch ein paar Wochen in Düsterntal, bis er in die Phase eine Haltestelle weiter kam.

Er schrieb mir viele Briefe, die mir heute total schwülstig vorkommen; er drückte sich dermaßen abgehoben aus, dass es mir fast peinlich war, sie zu lesen. Seine Ausdrucksweise nervte, er spielte mit den Sätzen, dass es wehtat, und er redete auch so schlau und kontrolliert daher. Ich sprach ihn mal auf seine Fastenzeiten an, weil ich auch selbst immer wieder mal ein paar Tage nichts aß und mich dabei wie auf Koka fühlte. Er meinte, dass es damit bei ihm nichts zu tun hätte, es für ihn lediglich eine recht angenehme Begleiterscheinung sei. Solche Sätze machten mich stutzig, denn ich wollte keine Begleiterscheinungen wie auf Koka haben!

Ich telefonierte täglich mit ihm, und am 12. Januar schlief er endlich eine Nacht bei mir. Wir machten nach einiger Zeit intensiv rum, meine Seele war richtig in Aufruhr, es war total merkwürdig – ich bearbeitete ihn wie in einem wahnsinnigem Rausch, obwohl wir angezogen waren! Ich hatte Angst, mit ihm zu schlafen; Gummis hatten wir auch nicht. Ich durfte sein Blut – z. B. beim Küssen – und auch sein Sperma nicht in mich lassen! Er zog seine Hose aus, und ich sah zum ersten Mal seine Tätowierung: eine Hand mit aufgezogener Spritze, die über die ganze Wade ging. Ich fand's ziemlich eklig und fragte ihn, aus welchem Grund man sich so eine scheiß Tätowierung in seinen Körper brennen lässt. Er grinste nur und sagte irgendwas Belangloses dazu. Es war auch etwas ganz anderes als meine fetten Narben, die mich ein Leben lang an meine frühere Identität erinnern.

Am nächsten Tag war ich irgendwie genervt. Ich wollte allein sein, aber Micha fuhr erst gegen Abend zurück, er laberte die ganze Zeit und ging mir auf den Sack. Langsam bekam ich das Gefühl, dass er ein echter Blender ist. Für ihn waren wir jetzt ganz dick zusammen – genau das machte mir Angst, zumal ich keine sexuelle Zukunft mit ihm sah. Klar konnten wir rummachen, bis uns die Hosen platzten, aber richtigen nassen, unkontrollierten Sex würden wir wohl nie haben.

13. Januar: »Ungewohnt alles. Ich hatte ja echt noch nie 'ne Beziehung. Die Leute, die mal da waren oder bei denen ich dachte, die wären interessant oder gut für mich – die waren alle fertig und voll mit Drogen. Hab aus Sympathie gleich Liebe gemacht, und als ich dahinterkam, hab ich sie nur noch benutzt, um Drogen zu besorgen. Anfassen durfte mich nur Jagger. Ja, da war noch nicht viel. Hab niemanden an mich rangelassen, niemand durfte mich berühren. Nach dem Anschaffen hab ich oft gekotzt und die ganze Welt gehasst.«

Carmen schrieb aus Völksen: »Ach, Silvana, ich vermisse dich richtig und ich hoffe, dass es dir gut geht! Der Abschied von Heike war doch ganz schön traurig, das erste Mal, dass mich ihre Tränen berührt haben. Und dein Brief hat wohl auch ganz schön hammerartig reingehauen!« Carmen ist leider auch schon gestorben; ich hörte, das sie sich totgesoffen hat.

Heike hatte ich geschrieben, dass ich für sie keine cleane Perspektive sehe, wenn sie so weitermacht. Sie war in den letzten zwölf Monaten nur auf der Stelle gelaufen, hatte sich zu Anfang der Therapie gleich in eine Beziehung gestürzt, die sie schön von sich ablenkte. Sie kotzte mich an mit ihrer gespielten Unbekümmertheit, ihre Verantwortung als 2er hatte sie auch nicht richtig drauf und den 3er hatte sie sich mehr oder weniger erheult. Wenn man sie liebte, hätte man sie als Wirbelwind bezeichnen können, aber eigentlich war sie eine infantile Braut, die alles durcheinander bringt. Ich mochte sie schon irgendwie, solange sie nicht mit mir in einem Zimmer hauste und rumquakte. Ich hatte ihr geschrieben, weil ich nicht wollte, dass sie wieder abstürzte, wenn sie sich von nun auf jetzt zu viel zutraute. Natürlich musste sie jetzt auch unbedingt früher in die Phase, damit sie mit mir wieder auf einer Ebene war. Sie hatte im Haus auch öfter versucht, sich an mich zu hängen. Ihre Worte waren oft meine; ausgetauschte Gedanken abends im Zimmer wurden am nächsten Tag als neue Erkenntnisse in der Therapiestunde verkauft. Aber was sie auch machte, es war mir egal, solange sie nicht in meinem Dunstkreis rumwuselte. Das sollte sich leider bald ändern.

Micha fragte mich, ob wir uns nicht zusammen eine Wohnung suchen sollten! Mann, rückte der mir auf die Pelle! Ich zog mich wieder zurück. Die Nacht in der Böhmerstraße sollte auch die einzige dieser Art bleiben. Ich nahm mir immer viel vor, um ihm auszuweichen, während ich mir noch vormachte, dass ich in ihn verliebt sei.

Mamas Wochenberichte im Januar:

»6.1. – Silvester fand ich gut, es war das erste Mal seit Langem, dass ich clean war; ich kannte es auch nur so, dass man breit sein musste. Das Flattern heute kam für mich ganz überraschend. Ich kenne das ja von meinen bisherigen Krampfanfällen, aber dass es nochmal so derbe kommt, damit hätte ich nicht gerechnet. Meine Werte sind so weit ganz gut. Habe mit dem Lebensfragebogen angefangen, bei manchen Fragen fällt mir total nichts ein, weil es zu lange her ist.

 13.1. – Ich fühle mich jetzt total wohl hier und denke auch

nicht mehr so oft an draußen. Mir wird ganz komisch bei dem Gedanken, dass ich bald ins Haupthaus wechseln muss. Ich finde es gut, dass wir Mittwoch über Aids in der Gruppe sprechen, ich weiß total wenig über diese Krankheit.

20.1. – Diese Woche hab ich mir oft Gedanken um Yvonne gemacht, wie es ihr wohl geht und ob die Pflegeeltern sich bald melden. Heute muss ich viel an meinen verstorbenen Mann denken, außer den positiven Sachen kamen auch viele negative hoch. Die Themengruppe Aids war ganz gut. Was die Frauen da im Film so über Sexualität erzählt haben, war interessant. Ich könnte darüber nie so viel erzählen. Ich hab zwar auch mit Männern geschlafen, aber was da so lief, war zum Einschlafen, oder ich hab denen was vorgemacht. Silvias und Bettinas Abbrüche gingen mir zwar nicht rein, aber ich hab Silvia nicht verstanden, sie hat doch auch zwei Kinder. O.K., bis vor Kurzem hab ich auch nicht an meine Kinder gedacht, aber für mich ist es jetzt klar, dass ich Therapie mache und clean bleiben will. Bevor Gabi ging, hab ich mich mit ihr noch unterhalten und stellte dann auch Vergleiche zu meiner großen Tochter an, ich dachte, vielleicht ging es Silvana genauso.

27.1. – Ich hab die Woche oft an Leute gedacht, die noch draußen sind; wie es denen wohl geht? Dass ich noch drei Monate im Frauenhaus bleiben darf, finde ich gut, ich weiß auch, dass ich noch eine Menge für mich tun muss.«

Mama schrieb mir, ich solle ihre Papiere und ein paar Klamotten aus der alten Wohnung holen; damit hatte ich ihren gesammelten Aktenwust der letzten zwanzig Jahre am Hals und ein paar Fotos, die mir wieder Angst vor meiner Vergangenheit machten. Auch eine Kassette war dabei, die ich früher oft gehört hatte – das letzte Mal, als dieser Typ mich auf dem Campingplatz anschaffen lassen wollte.

Ich fing an, bei einer Oma zu putzen, sie wohnte schräg gegenüber und hatte eine Riesen-Fünfzimmerwohnung mit Lagen von Teppichen. Besonders dreckig war es bei ihr nie, und sie war auch eine Nette. Ansonsten schrieb ich meine erste Eins in Mathe – ich konnte es gar nicht fassen, in dem Fach hatte ich jahrelang 'ne Sechs gehabt!

Ende Januar sagte Micha, dass er abbrechen wolle, und testete an, ob ich mich ihm anschließen würde. Ich machte ihm schnell klar, dass ich die Sache bis zum Ende durchziehe. Ich wollte versuchen, stärker zu sein als meine Therapiekollegen, die fast alle kurz vor Schluss rückfällig wurden. Wir redeten viel an diesem Tag, aber die nächste Zeit sahen wir uns nicht mehr, wegen irgendwelcher Auflagen seiner Phase.

Er schrieb mir einen seiner schwülstigen Briefe: Er hätte mir mal erzählt, dass er den Freitod wählen würde, wenn er an Aids erkrankte, und sei erstaunt gewesen, wie gefasst ich darauf reagiert hätte. Ich sah ihm an der Nasenspitze an, dass er einen guten Grund fürs Ballern suchte, und mir wurde immer klarer, was für ein Spinner er war. Er wollte meine Briefe auch seiner Therapeutin zeigen. Langsam ging mir das alles zu weit – er plante mich zu viel in seine Dinge ein, wollte über mich irgendwelche Klarheiten kriegen …

Ich konzentrierte mich wieder voll auf mich selbst und war nüchtern manchmal noch breiter. 8. Februar: »Vorhin, als ich in dieser Eisdiele saß, sah ich mich mit Bulle die Auffahrt runterkommen – es war nur ein kurzes Bild. Gestern stehe ich an der Ampel und drehe mich um: Der Weg hinter mir ist weiß, und auf ihm geht einsam ein schwarzer Dealer. Später in der Wohnung, ich geh in die Küche: Alles ist neblig … Ich denke, es ist Rauch, aber es sind meine eigenen Augen; habe das Gefühl, im Traum rumzulaufen. Ich wollte aufwachen, stellte alles, was vorher war, in Frage: War das alles nur ein seltsamer, wilder, brutaler, wirrer Traum? Irgendwas ist mit mir. Muss was tun – sonst zerplatz ich. Man wird meine blutigen Hautfetzen an den Wänden kleben sehn. Vielleicht reißt mir irgendwer das Herz raus. Venen als Armbänder. Augen als Flummis. Arme als Gürtel. Ohren als Aschenbecher und mein schönes Blut als *das* Lebenselixier!«

Von Micha verabschiedete ich mich eine Woche später ganz: »Ich komm mit deinen kaputten Verhaltensweisen nicht klar – und es stimmt, du bist mir nicht unbekannt; ich bin mit solchen Leuten aufgewachsen. Ich lass mich nicht von deinem hübschen Gesicht und deinem schlauen Getue einwickeln. Ich ruf nicht an, weil ich nicht mit dir reden will. Es gibt mehrere Gründe – an dem Tag, als du gehen wolltest, gab es bei mir einen innerlichen Cut. Ich werde auch das Gefühl nicht los, dass du manchmal nicht echt warst in deinem Verhalten oder in dem, was du gesagt hast. Ich hab es immer erst später geschnallt, aber dann auch nichts gesagt, weil ich zu feige war. Ich weiß auch nicht mehr, was ich in dir gesehen hab. Ich dachte, dass du mir einiges (nicht alles) von meiner Sehnsucht nehmen kannst. Ich will so ein Liebesbeziehungsteil auch nicht, kann ich nicht gebrauchen, weil es auch für mich nicht stimmt. Ja, es tut weh – mir aber auch. Schön war's und heftig und intensiv und kurz! Alles, was ich dir geschickt und gesagt habe, hat in dem Moment gestimmt. Die ›Spinne‹ auf dem Bild von mir ist übrigens eine schwarze Sonne, das schreiende Gesicht bin ich – du kommst auf dem Bild als Strichmännchen vor, dem ich nachwinke.«

Nach dem Brief musste ich erst mal zum Kühl/Suchtschrank, mich voll fressen. Ich holte mir jetzt immer Gelee Royal und konnte ein Glas am Tag davon wegmachen, wenn es nötig war.

Mamas Wochenberichte im Februar:

»3.2. – Ich weiß nicht, wie es mit Yvonne weitergehen soll. Mit Kind Therapie zu machen, stell ich mir total schwer vor; alleine könnte ich mehr für mich tun. Ich muss auch mal

Herbert schreiben, es gibt da ein paar Sachen, die ich ihm noch sagen will. Am Mittwoch nach der Gruppe kam nochmal richtig Ekel bei mir hoch, als ich daran dachte, was er so alles mit mir gemacht hat.

10.2. – Habe Post von den Pflegeeltern bekommen und mir Gedanken gemacht, ob ich Yvonne dalasse. Ich darf aber nichts überstürzen. Ich bin echt fett geworden, irgendwo belastet es mich total.

17.2. – Heute auf den Tag genau bin ich drei Monate hier, bin auch stolz auf mich, dass ich es bis jetzt gepackt hab. Manchmal wäre ich am liebsten abgehauen; bin froh, dass ich es nicht gemacht habe. Ich freu mich auf die nächsten Frauen, hoffentlich halten die mal länger durch. Das mit meinen Verträgen war voll kacke, bin froh, dass ich das alles aufgemacht habe; mir ist jetzt auch klarer, was daraus werden kann. Am Donnerstag hab ich ja das mit den Tabletten gemacht, das war ein echter Rückfall. Mir darf so was nicht nochmal passieren. Mir ist klar geworden, dass ich auch mal traurig sein kann, ich brauch meine Tränen nicht zu verstecken. Silvana habe ich heute geschrieben, wann sie mal kommen kann; wir haben uns 'ne Menge zu erzählen. Die letzten Jahre, außer letztes Jahr drei Wochen, war ich ständig breit, und die Unterhaltung war gleich null. Als sie in Therapie war, ist sie regelrecht vor mir geflüchtet, wenn sie mich sah, das war übel.

24.2. – Herbert schrieb, dass er einen Teil meiner Klamotten schon weggeschmissen hat. Er warf mir auch vor, dass ich sein Bett in Brand gesetzt hätte. In den Gruppen merke ich, dass ich voll blockiere, ich kann mich dann auf nichts mehr konzentrieren.«

Mama ging anscheinend nicht so gerade durch die Therapie. Ich merkte, dass meine schonungslose Ehrlichkeit ihr gegenüber irgendwie gefruchtet hatte. Dass sie aber so auseinander ging, erschwerte die Sache mit dem Selbstbewusstsein noch. Ich fühlte mich nur dick, sie war es aber geworden; nur eine zünftige Drogensucht könnte sie wieder schnell schlank machen. Klar vermisste ich meine dünnen Keith-Richards-Koksbeine, aber der Preis dafür war mir dann doch zu hoch.

Neues Leben

Meist hing ich jetzt allein in der Wohnung ab, weil Holly mit seiner Beziehung zu Britta so eingespannt war; schade eigentlich, wenn er da war, fühlte ich mich sicher. Wir wohnten allein, weil Uwe und Patrizia erst in ein paar Wochen erwartet wurden. Einmal schlief ich auch mit bei Britta, weil ich nicht allein in der Wohnung sein wollte. Das war mir auf Dauer aber auch zu doof; so hing ich allein rum, auch nachts, wenn die meisten wahrscheinlich wieder rückfällig geworden wären.

Ich hatte fast jeden Tag viel vor, neben der Schule und dem Putzen bei der Oma übernahm ich für eine Woche den Treppenhausjob von meinem Therapiekollegen Tom, er wollte in Urlaub. Papa jagte mir einen Riesenschreck ein – ich kam bei ihm zu Besuch, da hatte er gerade einen epileptischen Anfall gehabt. »Du hast mich heute Morgen doch ganz schön erschreckt – dein ganzer Arm war so blutig und die offene Wunde über deinem Auge. Ganz weiß warst du und dünn, so dünn. Und gezittert hast du. Zitternd hast du versucht, die Barklappe, in die du gefallen warst, zu reparieren. Früher hätte ich mir sofort was reingetan, ich dachte auch kurz dran – aber das bist du mir nicht wert, das seid ihr mir alle nicht wert!«

Diese Zeit in der Phase ging es mir sehr schlecht, ich fühlte mich allein und wunderte mich, dass die Therapeuten mir das alles so zutrauten, allein in einer Bude mitten in Hannover. »Ich hatte die kurze Vision, dass ich mich mit dem Messer, das vor mir liegt, mal eben aufschlitze und dann blutüberströmt hier liege; dann findet mich jemand und ist vielleicht traurig.«

Eines Abends fiel der Strom aus. Ich saß in der dunklen Küche, bei Kerze und Kippe, und driftete total ab: »... und dann ging ich über die Straße, direkt auf die Sonne zu. Ich öffnete meinen Mund und biss in die heiße Masse – ssssssssstttttttt! Verbranntes, schwarz-rot tropfend, blieb an mir zurück – es war so HELL. Verwirrt ging ich ins Licht: unendliche, leere Weite – orange schimmernd hing die Mondsichel vor mir, kalt glühend. Ich lächelte nicht; ich wusste nicht, ob ich jemals ein Gesicht hatte – seltsame Masse, die ich nun wieder war. Spiralförmig flog ich nach oben, ohne Hirn und Körper, und ich konnte SEHEN! Ich konnte erahnen, dass ich nicht alleine war. Hier wartete ich – auf meinen neuen Körper, mein neues Leben.«

Irgendwann kam dann Holly und schraubte die Sicherung wieder rein. Damit war wieder Leben in der Bude, und ich kam etwas runter von meinen schrägen Gedanken.

Am 19. März las ich in der Zeitung etwas über Mamas alte Wohnung: »Drogen für 50 000 Mark sichergestellt – ... die weiteren Ermittlungen führten die Beamten in die Hildesheimerstraße 50, sie drangen gegen 4:30 Uhr ein und trafen auf eine 23-jährige Frau und zwei Männer (28 und 29). Das Trio verpackte das Rauschgift gerade in kleine Verkaufsportionen. Die Beamten nahmen das Kokain mit und führten sie ab, alle drei sind der Polizei bereits bekannt.«

Mama schrieb mir, dass Herbert zu dem Zeitpunkt schon nicht mehr dort gewohnt hatte; er stand unter Zeugenschutz, weil er die Leute angeschissen hatte, und konnte deshalb auch nicht mehr in die Wohnung, um Mamas Sachen zu holen. Ich sollte auch nicht allein dahin, deshalb nahm ich Ewu mit. Da aber niemand dort war, sagte ich ihm, dass er wieder gehen könne. Ich wollte Mamas Sachen in Ruhe zusammensuchen. Ich stöberte in allen Schränken, saß auf ihrem Sofa, in ihrer Küche, hatte aus dem Fenster den Ausblick, den sie in den letzten Wochen gehabt hatte. Zuerst nahm ich die Grünpflanzen mit und stopfte einen Rucksack mit Kleinkram voll; am nächsten Tag ging ich nochmal allein hin und packte den Rest ein. Holly kam später und half mir beim Tragen. Eine Woche danach wurde die Wohnung geräumt – komisch, auf Mamas Auszüge war sonst immer direkt ein Räumkommando gefolgt und hatte alles weggeschmissen!

Am 23. März besuchte ich Mama in Hohehorst. Sie holte mich vom Bahnhof ab und sah gut ernährt aus, wir freuten uns total und nahmen uns in den Arm. Sie meinte: »Mann, wir beide clean und mal länger als eine Stunde zusammen! Das ist ja was!« Ich schlief bei ihr im Dachbodenzimmer in dem kleinen Frauenhaus, es war gemütlich und lockerer, als es im Haupthaus gewesen wäre; sie zeigte mir das schlossartige Gebäude später in der Dämmerung. Dort sah ich Pittis Freund Andreas wieder, er machte gerade die Pferde sauber. Mama meinte, dass Pitti abgebrochen hätte. Das fand ich echt schade, wie cool wäre es gewesen, sie hier zu sehen! Andreas ist aber auch schon lange gestorben.

Mamas Wochenberichte im März:

»3.3. – Die Woche war voll doof. Am Mittwoch in der Gruppe wollte ich erst gar nicht rauslaufen, aber es wurde mir alles zu viel. Susi sagte noch was von ›Schonung‹ – das ist zwar meine erste Therapie, aber dass ich geschont werde, davon merke ich nichts. Ich habe mich die drei Monate hier total angepasst, ich weiß aber, dass es auch anders geht. Es ist zwar bequem, das zu machen, was die anderen wollen, aber wo bleib ich dabei?

10.3. – Zurzeit habe ich eine Menge Angst, ich bin an einem Punkt angekommen, wo ich nicht weiterkomme. Ich mache mir oft Gedanken darüber, was wäre, wenn die Krankheit ausbricht. An meinen Gerichtstermin denke ich auch, ich weiß, dass ich Bewährung kriege, aber ich hoffe, dass sich an meiner Einstellung zur Therapie nichts ändern wird.

17.3. – Mir ist klar geworden, dass ich Yvonne bei den Pflegeeltern lasse, nächsten Dienstag werde ich sie kennen lernen. Donnerstag war ich für eine Stunde im Haupthaus und hab Kalle besucht, Samstag hab ich mich auch mit ihm unterhalten. Ich finde ihn so ganz nett. Es ist für mich auch mal was ganz anderes. Sonst war es bei mir immer so, dass ich erst mit dem Mann ins Bett gegangen bin und ihn danach kennen gelernt hab.

24.3. – Die Woche war voll anstrengend. Montag in der Gruppe ist mir erst klar geworden, dass ich die Sache mit Yvonne immer vor mir hergeschoben habe. Ich hab bei dem Treffen gemerkt, dass die Pflegeeltern sie am liebsten behalten würden. Ich hab die viel gefragt, wie Yvonne sie ruft usw. Es tat mir weh, und eifersüchtig war ich auch. Ich hab die Frau voll bewundert, wie sie das packt mit noch vier eigenen Kindern. Mit meinem Gerichtstermin war ich zufrieden. Als der Staatsanwalt nochmal die ganzen Fälle vorlas, wurde mir ganz anders, und als dann auch noch meine Bewährungshelferin aussagte, dass ich sie auch mal beklauen wollte, war mir das echt peinlich. Ich habe aber auch gemerkt, dass sie und meine Anwältin sich gefreut haben, dass ich nochmal die Kurve gekriegt hab. Der Besuch von meiner Tochter war echt toll, aber auch anstrengend. Ich habe jetzt mal eine ganz andere Silvana kennen gelernt und sie natürlich eine ganz andere Mutter. Ich habe sie auch mal so vom Gefühl her in den Arm genommen, das ist mir früher echt schwer gefallen.«

Da es mit Mama aufwärts ging, konnte ich einigermaßen unbeschwert durch die Gegend laufen. Ich fertigte eine Mappe für die Kunsthochschule an, ich hatte die echte Hoffnung, dass sie mich nehmen, aber das klappte nicht.

Wunder des Lebens

Ich traf mich mit Lennart, meinem alten Drobser, wir überlegten uns den Klappentext für ein Buch, das ich machen wollte. Es sollten nur Texte drin sein, keine richtigen Storys, mit einer Kurzbiographie am Anfang, damit sich einem die Texte besser erschlossen. Das Kultusministerium lehnte aber die finanzielle Förderung ab, weil sie meine Geschichten atypisch fanden und nicht geeignet für die Schüler der Sekundarstufe 10.

Im Biounterricht sahen wir uns den Film »Das Wunder des Lebens« an. Wie paralysiert starrte ich auf die vergrößerten Blutbahnen und Innereien – es war alles so total bunt! Das hatte ich doch alles schon mal gesehen, auf meinen Trips – ich hab's doch gewusst!

Am 9. April zogen Ewu und Patrizia endlich ein. Es wurde immer alberner zwischen Ewu und mir, wir gackerten die ganze Zeit nur rum, wenn wir uns sahen. Einmal gewann ich bei einer Wette mit ihm 50 Mark: Ich hatte einen Backenzahn auf dem Fußweg gefunden und glaubte, dass er echt sei. Ewu behauptete das Gegenteil. Also gingen wir zum nächsten Zahnarzt, und der bestätigte uns die Echtheit.

Ewu hatte vor, Filmer zu werden, und sein Stufe-2-Projekt im Haus war ein Kurzfilm gewesen. Das war meine Ebene mit ihm, denn das Filmemachen interessierte mich brennend. Ich freute mich, dass er jetzt hier war; allerdings war er in der Zwischenzeit mit Heike zusammengekommen. Björn hatte ich nun auch öfter im Sichtfeld, er war ja mit Patrizia zusammen.

Ich begann mich nach der Ruhe, allein mit dem abwesenden Holly, zurückzusehnen und fing schon mal an, locker ein WG-Zimmer zu suchen. Ich inserierte in den üblichen Zeitungen und hängte Kopien meiner Bilder in der Stadt auf. Zu 90 Prozent riefen aber nur die letzten Drecksäue an. Entweder wollten sie mich umsonst bei sich wohnen lassen, wenn ich dafür die Wohnung putze – nackt. Oder sie wollten mit mir Fotosessions machen. Einer fragte mich, was ich gerade anhabe. Einen Skianzug, sagte ich. Das fand er trotzdem erotisch – keine Ahnung, an was der sich wirklich aufgegeilt hat. Oder sie erzählten zum Glück schon am Telefon, dass ihre WG ja sehr freizügig sei und sie auch oft alle nackt frühstückten würden – danke, das reichte!

Ein paar Sachen konnte ich mir aber angucken. Das eine Zimmer war in der Nordstadt, das Haus war O.K., das Zimmer ging auch, aber die Frau und der Typ waren mir zu spießig. Dann sah ich mir ein Minizimmer an, halb so groß wie mein bisheriges, da passte nix rein. Ein anderes war bei einem jungen Typen an der Hamburger Allee, zwei Minuten vom Raschplatz – er war eindeutig verworren drauf und so komisch nervös; immerhin machte er nicht den Eindruck, dass er mich gleich abstechen wollte. Einmal fuhr ich sogar bis nach Seelze, an den Arsch der Welt; das Haus war echt schön und das Zimmer auch. Ich erzählte den waschechten Freaks erst mal, woher ich gerade komme, und sie meinten, dass sie gerne mal einen kiffen, und das wäre dann ja nicht so gut für mich.

Das einzige Zimmer, das ich echt gern gehabt hätte, war in

der Richard-Wagner-Straße in der List. Die Wohnung war riesengroß und bunt, wir saßen in der Küche und verhandelten. Ich war total zurückhaltend. Es war das erste Mal seit Langem, dass ich mal wieder mit »normalen« Heranwachsenden redete – ein völlig anderer, heiler Film, allesamt lustige Studenten, ach wie niedlich! Sie wollten mich nicht. Ich war natürlich beleidigt und bekam langsam Panik, dass ich nie ein Zimmer finde oder nur bei totalen scheiß Leuten in einer scheiß Bude.

Ich ließ die Schule wieder schleifen, hatte keinen Bock mehr, machte es nur noch, weil ich keine Lust auf Stress mit den Therapeuten hatte.

Mamas Wochenberichte im April:

»7.4. – Der Urlaub auf Juist war schön, ich war vor drei Jahren schon mal da, aber clean hab ich jetzt mehr gesehen. Auf der Rückfahrt hab ich mir wieder Gedanken über die Paargruppe gemacht, was da alles auf mich zukommt. Überhaupt mache ich mir vor Gruppen immer den totalen Kopf. Ich bin jetzt fast fünf Monate hier, aber wenn ich in der Gruppe was sagen soll, kommt meistens nur Müll raus. Als Hanni sagte, dass ich rüber ins Haupthaus muss, wenn ich eine Beziehung zu Kalle will, oder sonst eine Kontaktsperre zu ihm bekomme, fühlte ich mich unter Druck gesetzt. Für unsere Beziehung ist es auf jeden Fall besser, wenn ich rübergehe. Meine Angst davor hat sich schon gelegt, zumal ich da jetzt auch ein paar Leute kenne.

14.4. – Die Verabschiedung war voll stressig. Als ich sagte, dass ich Yvonne nicht herhole, haben sie das auch gleich wieder mit Kalle in Verbindung gebracht. Mir war, glaube ich, von Anfang an klar, dass ich die Verantwortung für Yvonne nicht übernehmen will. Das hat auch mit meiner HIV-Geschichte zu tun. Langsam lebe ich mich hier ein, finde es jetzt schon besser als drüben.

21.4. – Montag nach der Frauengruppe ging es mir gar nicht so gut. Mir war eigentlich immer klar, wenn es mir mal mit dem HIV ganz beschissen geht, dann mach ich mich weg. Was anderes gab es nicht. Ich wollte auch nie einem zur Last fallen. Es ist auch irgendwie ein komisches Gefühl, ans Sterben zu denken, aber ich weiß, dass ich mich damit auseinander setzen muss. Hab mich darüber auch schon viel mit Kalle unterhalten, wir haben so ungefähr dieselben Vorstellungen.

28.4. – Dass ich nicht ins Krankenhaus musste, war O.K.; ich hoffe nur, dass die Pilzgeschichte auch ambulant weggeht. Beim Paareinzel kam eine Menge für mich rüber. Die Verantwortung für mich will ich selbst übernehmen. Ich hab es auch nie so gesehen, dass ich, wenn es mir ganz dreckig geht, von Kalle verlange, dass er mir den Goldenen setzt. Ich will, solange es geht, mit ihm zusammenbleiben. Wenn es so weit ist, will ich, dass Silvana und er bei mir sind.«

Papa kam Mitte April für ein paar Wochen zur Kur, ich war einigermaßen erleichtert.

Herr Jagger meldete sich auch mal wieder: »Es ist ja eine ganz schöne Zeit vergangen seit unseren letzten Briefen. Ich finde, du hattest total Recht damit, dass wir immer wieder auf das Thema ›drauf‹ kamen, aber das ist nun mal unsere Vergangenheit, die wir zusammen haben. Ich will dir aber sagen, dass ich dich trotz allem mag. Ich geh seit einer Woche zur Schule, mache meinen qualifizierten Hauptschulabschluss nach. Ich war dreimal in Hannover, einmal habe ich bei meiner Schwester geknackt, das andere Mal war ich bei Kessi und Michael in Linden; ich habe mich total gefreut, dass er keine Drogen mehr nimmt. Am 9. Mai ziehe ich in die Phase, vielleicht sehen wir uns ja mal.« Aha, er war auch immer noch auf dem besten Wege – na klar wollte ich ihn mal wieder sehen! Ich schrieb sofort zurück.

Von Mama kam auch schon wieder ein Brief: »Dass du da so ein Buch geschrieben hast, find ich gut. Du hast ja damals schon immer viel geschrieben. Ich wusste gar nicht, dass du das noch alles hast. Ich möchte das auch gerne lesen, auch wenn mir dabei eine Menge hochkommt. Schuldgefühle dir gegenüber hab ich sowieso, ich kann zwar vieles nicht mehr gutmachen, aber ich kann mich damit jetzt auseinander setzen. Wenn du mich besuchen kommst, bring es bitte mit.« Das Buch hab ich ihr bis zum Schluss nicht gezeigt, ich wollte sie nicht noch trauriger machen.

Jagger ließ schnell wieder von sich hören: »Ich habe Markus auf dem Weg zur Schule getroffen. Er sagte, dass er zurück nach Hannover geht, und redete vom Saufen und Kiffen, aber er drückt nicht. Ach, weiß nicht, alles scheiße? Er sagt, ich würde es auch nicht schaffen. Ich weiß, dass ich es will.« Und in seinem nächsten Brief schrieb er: »Das mit dem Buch finde ich echt geil. Hoffentlich findest du auch die richtige WG. Ich muss echt irgendwas neben der Schule machen, damit mir in der Phase nicht die Decke auf den Kopf fällt. Mir geht's mit Leuten so wie dir, ich find es auch scheiße, dass die jetzt auf einmal so einen auf einsichtig und brav machen. Ich muss irgendwie meinen Weg finden. Wichtig ist es, Leute zu finden, die gut drauf sind ohne Drogen. Viel kommt jetzt auf mich zu, will's packen.« Die Briefumschläge verzierte er immer mit etwas morbiden Bildern von offenen Fleischwunden, Robert de Niro als Taxi Driver oder komischen Schlagzeilen wie »God is a terrorist«.

Anfang Mai fuhr ich wieder zu Mama. Die Atmosphäre im Schloss mit rund vierzig Patienten war anders als in dem kleinen Haus, wo nur sechs Frauen gewohnt hatten. Sie hatten andere Regeln, als ich sie kannte, zum Beispiel musste man sich bei den Therapiegruppen in die Mitte eines Sitzkreises setzen, wenn man dran war. Ich bezweifelte, dass ich in so einem großen Haus wie hier in Hohehorst oder in Düsterntal hätte clean werden können. Ich war froh, dass ich in einem so gemütlichen Haus wie Völksen gewesen war. Hier sah ich jetzt auch Kalle – ich fand ihn ziemlich abgefuckt und linkisch, er war anscheinend sein Leben lang drauf gewesen!

Ewu

Aus dem Rumalbern mit Ewu wurde eine heimliche Affäre. Es ergab sich einfach so, als er eines Abends nochmal zu mir kam; da ich keine andere Sitzmöglichkeit hatte, setzte er sich mit aufs Bett. Ich hatte die leise Hoffnung, dass er vielleicht mit Heike Schluss machte. Die Nächte verbrachten wir öfter miteinander, aber wenn Heike da war, waren sie ein Herz und eine Seele.

7. Mai: »Verstört, verwirrt, zerstört (was?) – was für Spiele Menschen spielen. Ich hab das Gefühl, dass ich was beenden muss, das mir nicht gut tut. Gedanken klirren durch meinen Kopf, niemand da, der die Scherben mit mir wegfegt. Ich lass mich nicht im Stich! Ich würde gern etwas tun, aber es wären nur hilflose Taten – Untaten. Ich will drauf kotzen, auf das scheiß Spiel.«

Ewu schrieb mir einen kleinen Brief: »Ich sehe dich in deinem Zimmer – allein. Ich sehe dich in der Küche – allein. Ich denke an deinen Satz ›Ich will dich immer so!‹. Ich bin feige. Ich werde mich entscheiden.«

Am nächsten Tag holte er mich von der Schule ab, und wir gingen abends in einen französischen Film. Entschieden hatte er sich noch nicht, mit Heike Schluss zu machen. Sie hatte wieder eine schlechte Phase erwischt, und er wollte es ihr nicht noch schwerer machen. Dass ich deswegen aber auch schlecht draufkam, war ihm wohl egal. Außerdem schien ihn die Heimlichkeit zu reizen. Er bemühte sich auch wirklich, mir nicht allzu wehzutun, und versuchte die alberne, lockere Schiene beizubehalten. Also versuchte ich meine Gefühle unter Verschluss zu halten. Ich bekam trotzdem krasse Gedanken; unerfüllte Liebe ist sowieso immer der schönste und häufigste Rückfallpunkt. Ich fühlte mich nicht wichtig genug, sodass er ganz zu mir stand.

Abends kam Heike und wollte was kochen, ich verzog mich in mein Zimmer. Ich wollte mir wegen so einer verkackten Liebesbeziehung nicht die Laune verderben lassen oder gar rückfällig werden – wie billig! Sollen sie doch so tun, als ob sie sich wirklich lieben. Ich setzte mich dann mit in die Küche und tat diesmal nicht so, als ob ich was anderes zu tun hätte. Ewu machte es ein wenig nervös, er wusste nicht, ob ich was vorhatte. Nun saßen wir da und aßen zusammen; ich wunderte mich, wie gut ich schauspielern konnte. Ich verhielt mich völlig normal, wollte sie nur ein wenig beobachten. Heike war genauso wie mit Holly damals, die ganze Zeit übertrieben locker und etwas schusselig, und immer wieder steckte sie Ewu eine Gabel Essen in den Mund, so als absoluten Zusammengehörigkeitsbeweis.

Am 13. Mai ging ich zu einer Demo, es ging um die Schließung des Café Connection und um die Schwarzen Sheriffs, die einem jetzt das Leben schwer machten. Mehrfach hatten ihre Hunde zugebissen, Frauen wurden ausgezogen und durchsucht, und sie brachten jede kleinste Auffälligkeit zur Anzeige. Der Raschplatz war so voll wie lange nicht mehr, viele Bekannte von früher kamen angelatscht und meinten, sie hätten gedacht, ich wäre tot – dabei sahen sie selbst aus wie wandelnde Leichen! Ich hatte keine Heimweh-Feelings, obwohl ich die Tage öfter an Drogen gedacht hatte. Aber als ich die Gestalten da sah, war mir wieder klar, dass mein Weg 'ne andere Abzweigung hat, während sie diese Kurve erst mal nicht schafften.

Für den nächsten Tag hatte ich mich mit Matthias verabredet, dem »seriösen« und jetzt cleanen Junkie, den ich von früher kannte. Er war die letzten Monate in Frankreich bei seinen Eltern gewesen und hatte dort entzogen; er sah richtig fit aus. Wir wollten uns im Café Safran treffen; als ich ankam, war er noch nicht da. Ich war das erste Mal seit Langem allein in einem Café, und auch nicht deswegen, weil ich das Klo zum Ballern benutzen wollte. Ich bestellte einen Kaffee. Matthias tauchte nicht auf, und ich hatte bald keine Lust mehr zu warten. Mit rasendem Herzen ging ich zur Theke, um zu zahlen; ich stand da mit wackeligen Beinen und traute mich nicht, mich bemerkbar zu machen. Ich dachte immer noch, dass man mir den Junkie ansieht. Ich fing an zu schwitzen, dachte, dass ich gleich aus den Latschen kippe – da kam die Bedienung und sah mich fragend an. Mit zitternder Stimme sagte ich, dass ich den Kaffee bezahlen wollte – für sie war das völlig selbstverständlich, für mich war es plötzlich die Hölle geworden. Diese Unsicherheit – dass ich schon das Flattern kriegte, nur weil ich mal einen Kaffee trinken wollte! Das musste ich auf jeden Fall schnell ändern.

Am 16. machte Holly seinen Abschied. Das war echt schade, ich hatte ihn voll gern, und außerdem war mit seinem Auszug wieder ein Zimmer frei, das dummerweise Björn beziehen sollte.

Am 18. kam Jagger zu Besuch. Als er plötzlich bei uns in der Wohnung stand, kam es mir so unwirklich vor; er sah aus wie früher, aber in fit. Er war auch etwas unsicher, merkte aber schnell, dass ich ihm nicht böse war. Abends kam Hose, wir wollten auf ein Punkkonzert in die Korn. Das war für uns alle drei gleichermaßen komisch, das erste Mal nüchtern im alten vertrauten Laden stehen – und nicht schwach zu werden! Wir trafen viele Leute, und als das Konzert anfing, standen wir vor einem, der 'ne Tüte rauchte – Jagger und ich sahen uns erschrocken an, dann gingen wir ein Stück weg.

Damit hatten wir uns gut abgegrenzt. Es hatte uns auch nicht angemacht – wir wollten nur nicht ohne unser Zutun plötzlich Drogen abbekommen, das wäre ja noch blöder!

Während des Konzerts ging ich nach unten und traf dort Markus, er sah fast wieder so schlecht aus wie früher – und er war total mies drauf, blitzte mich an, als ob ich sein Feind wäre. Aber ich ließ mich auf so was nicht ein und blieb freundlich. Wir setzten uns auf ein Sofa. Er fragte mich, ob ich denn noch brav clean sei, und fing an, über Therapie und den »ganzen Scheiß« herzuziehen. Er fände es toll, wieder Drogen zu nehmen – ob ich ihn jetzt verachten würde? Nein, meinte ich und sagte ihm, dass Jagger auch hier sei. »Ach, der wird es auch nicht schaffen, ich kenn ihn doch!« Ich nahm Jagger in Schutz: Wir diskutierten über Jaggers Cleansein, als ob es um unser eigenes ging, was wohl auch so war. Markus sprang immer wieder auf und wurde voll wild, fast hatte ich Angst, dass er mir gleich was um die Ohren haut.

Endlich kam Jagger, er freute sich, Markus zu sehen – aber nicht über seinen Zustand. Er blieb aber cool und fragte mich bald, ob wir gehen wollen. Jagger und ich stellten dann bei mir auf dem Hochbett fest, dass wir ähnliche Verhaltensweisen haben, nicht nur beim Abgrenzen, sondern überhaupt. Wir schliefen zufrieden nebeneinander ein, wir waren jetzt Bruder und Schwester. Wir mochten, verstanden und kannten uns; das war viel wertvoller, als es unsere Drogenliebesbeziehung je war. Ich konnte ihn echt gut ab und wollte für ihn da sein, solange er clean ist; wir waren echte Verbündete.

Ich konzentrierte mich jetzt auf meine Zimmersuche und dass ich bald wen finden würde, der wirklich zu mir steht und mich nicht verarscht. Von Ewu distanzierte ich mich immer mehr. Ich gab auch die Schule auf; ich hatte keine Motivation mehr, es interessierte mich nicht, mein Kopf fühlte sich taub an, wenn ich lernen sollte. Ich ahnte, dass ich nicht zu blöd war, ich sah nur keinen Sinn drin. Ich wollte freie Künstlerin sein; mehr Spiritualität durch wenig essen, das war mein neuer Sinnspruch.

Durch das Fasten bekam ich manchmal echte Zustände. 21. Mai: »7:43 h. Bulle …?! Guckst du dir immer noch Tennis an? Hast du immer noch was gegen Jagger? Kannst du mich sehen, wenn ich traurig oder wütend bin? Kannst du mich mit deinen Blicken beschützen? Kannst du mich hören? Bist du manchmal hier? Oder bist du total weg? Noch nicht mal mehr Geist und Seele? Manchmal vermisse ich dich.«

Aus Angst vor meinen Gedanken fing ich mit Einzelgesprächen bei Margrit in der Bödekerstraße an, einmal in der Woche. Ich fand schnell Vertrauen zu ihr, es half, mich zu sortieren. Sie empfahl mir einen Psychiater, der mich arbeitsunfähig schreiben könnte – denn mir war klar geworden, dass ich nicht gleich nach der Therapie ins Arbeitsleben einsteigen konnte. Ich war mir auf allen Ebenen zu unsicher, und die Ablehnung, die ich bei meiner Zimmersuche erfahren hatte, half mir auch nicht gerade im Umgang mit anderen Menschen. Ich ahnte, dass ich noch lange nicht fertig war mit Therapie, dass ich noch viel lernen musste.

Am 27. Mai waren die Prüfungen in der STEP-Schule, ich ging nicht hin.

Am 28. schrieb Ewu: »Bin nachdenklich, denke an dich! Gleich, als ich kam, bin ich in dein Zimmer – spüre, du weichst mir aus. Treffen sich unsere Blicke, lachst du – obwohl du eigentlich ›Arschloch‹ sagen willst. Scheiß Spiel. Vielleicht haben wir morgen mal Zeit, etwas Ernsthaftes zu sprechen, oder?« Ich merkte, dass er mich wirklich mochte, dass er selbst nicht mehr wusste, in welches Spiel er da reingeraten war. Das war auch der Grund, warum ich weiterhin mit ihm schlief, obwohl er auch mit Heike rummachte. Aber es war auch das erste Mal, dass mir Sex Spaß machte – er war ja auch zwölf Jahre älter als ich, und es wurde zu einer neuen Droge für mich, endlich konnte ich mich selbst mit einem anderen in andere Sphären jagen.

Mamas Wochenberichte im Mai:

»5.5. – Am Montag nach der Gruppe ist mir klar geworden, dass ich draußen oft die Vermittlerin gemacht hab. Ich war dann auch oft die Doofe; wenn irgendwas dabei nicht lief, fiel es immer auf mich zurück. Ich hab gemerkt, dass ich es nicht haben kann, wenn einer für 'ne gewisse Zeit weggeht. Bei Silvana war es heute auch so, ich konnte sie zwar zum Zug bringen, aber ich hätte da nicht stehen können, bis sie abfährt. Ich weiß zwar, dass sie wiederkommt, aber die Trennung fällt mir schwer. Ich habe ihr auch gesagt, dass ich Angst habe, dass sie rückfällig wird. Wir haben uns darüber unterhalten, sie hat mir auch die Punkte gesagt, wo es für sie kritisch wird. Es ist für mich beruhigend zu wissen, dass sie in Hannover Leute aus der Phase hat, mit denen sie immer reden kann.

12.5. – Wollte Mittwoch meine Familie vorstellen, hatte mir auch Notizen gemacht, leider fiel die Gruppe aus. Ich freue mich, dass Kalle hier ist.

27.5. – Pfingsturlaub war echt gut. Ich hatte eine total andere Vorstellung von dem Schiff, ich hab mich aber gleich dran gewöhnt, auch mit so vielen Leuten auf engem Raum zu leben, fand ich gut. Wir hatten viel Spaß, ich wäre auch gern noch geblieben – so blöd es sich anhört, aber ich hab mich da echt frei gefühlt. Freitag in der Gruppe hab ich über Schuldgefühle meiner Tochter gegenüber gesprochen. Ich hab immer gedacht, wenn ich hier fertig bin, geh ich wieder nach Hannover, um mit Silvana zu leben. Ich wollte da wieder anfangen, wo ich vor langer Zeit mal aufgehört habe. Mir ist jetzt klar, dass das nicht geht. Wenn Silvana das nächste Mal kommt, werde ich mit ihr darüber reden. Ne Menge hochgekommen ist mir, als ich die kleine Sarah weinen sah. Ich hab an Yvonne gedacht und mich gefragt, ob sie auch so geweint hat, als sie ins Heim gekommen ist.«

Seelen-Satisfaction

Mein letzter Monat in der Phase begann, und es hatte sich immer noch nichts mit einem Zimmer ergeben. Melanie besuchte mich, sie schlug vor, dass ich mit einem Kumpel von ihr, Adam, in eine Wohnung ziehe, die ihre Mutter vermietet. Sie brachte Adam mal mit, er war ziemlich fett, aber so weit erst mal sympathisch, allerdings sah ich es noch nicht, dass ich mit ihm zusammenwohnen könnte. Ich willigte trotzdem halbherzig ein, da sich keine Alternative bot. Melanies Mutter kannte mich ja auch schon ein paar Jahre, deshalb hatte sie eine Forderung: Wenn du rückfällig wirst, fliegst du raus! Ansonsten wollte sie noch das mit der Miete abgesichert haben. Aber da der dicke Adam die Hälfte zahlen sollte, sah ich kein Problem mit dem Sozi. Aber noch war nichts entschieden.

Mit Ewu und mir lief es so weiter wie bisher; sobald Heike nicht da war, schliefen wir miteinander, es war wie eine Sucht. Selbst Patrizia und Björn bekamen davon nichts mit. Aber es tat weiter weh, ich war in meinem Stolz verletzt, dass er sich nicht ganz für mich entschied. Ich spielte das Spiel auf meine Weise, nahm mir von ihm, was ich brauchte, und ignorierte ihn, sobald Heike da war oder sich ankündigte.

An 2. Juni war ich im Großen Garten und schrieb: »Bin im Tempel. Sonne. Dieser Muckecomputer macht Geräusche – der Typ spielt dazu, der andere dreht 'nen Joint. Wäre ich nicht in der Phase, würde ich mitrauchen. Es ist abgefahren hier, will einen Trip. Wünsch mir die alten Zeiten zurück, mit Herrmann, Trips und gute Aktionen machen. Ich brauch 'ne neue Szene. Seelen-Satisfaction – ja! Tripsound, schön. Ich? Hier. Im Tempel. Wo ich so viel LSD genommen und mit Sergio und Jagger war. Gute Partys, nachts und in der Sonne. Es ist alles ein einziger Film. Irgendwann können wir alles nochmal sehen. Ich werde nix bereuen!«

5. Juni: »... ich wäre jetzt gern in Völksen – Morgenrunde wäre jetzt. Manchmal denk ich, dass ich meine ganze Energie an Angst und Unsicherheiten verschwende.«

Am 11. schrieb ich an Mama: »Ich hab immer noch kein Zimmer gefunden, irgendwie will mich niemand bei sich wohnen lassen. Letzte Woche haben mir irgendwelche Wichser mein Rad vor der Tür zusammengetreten. Bei Ewu haben sie die Speichen durchgeknipst. Die Schule hab ich ganz geschmissen, mache demnächst 'ne Ausstellung und fang mit Ewu an, Videoexperimente zu drehen. Im Moment ist bei mir nur aushalten – aufpassen angesagt, irgendwie läuft gar nix. Ich hab auch schon wieder drei Abszesse an den Beinen, ätzend! Der Arzt meinte, dass es immer noch von den Drogen kommt. Scheiße, ich kann dir gar nix Gutes schreiben; ich schaff es auch nicht in diesem Monat zu kommen, ich hab den Kopf so voll. Ich mache mir viel Sorgen um dich, was ist mit deinem Pilz, hängt das mit dem HIV zusammen? Ich werde auf jeden Fall nicht so schnell rückfällig, zurzeit läuft's zwar nicht so, aber es kommen auch wieder andere Zeiten; es gibt keinen Grund zum Ballern! Ich hoffe, dass du es verstehst, dass ich nicht komme, dass du nicht traurig bist. Ich war auch meine ganze Therapie allein, das soll jetzt kein Vergleich oder Vorwurf sein, das sind Fakten. Ich denk an dich!«

Ich schrieb Ewu einen bösen Brief und wartete in meinem Zimmer auf eine Reaktion. Erst am nächsten Morgen lag ein Brief von ihm vor meiner Tür: »Lese deinen Gutenachtgruß und merke, dass ich echt wütend werde. Wollte gleich rüber zu dir und – ich weiß nicht … dich fragen, ob du spinnst oder so? Seit dem Anruf von Heike warst du scheiße drauf, was weiß ich denn, was du dir in deinem hübschen Kopf zurechtspinnst? Andererseits musst du langsam selbst wissen, was du willst. Wenn du flüchten willst – dann flüchte. Ich werde dich deshalb nicht weniger gern haben. Ach ja – ich bin auch ein Typ, der oft mit dem Schwanz denkt, hab ich nie abgestritten. Aber stell dir vor, es gehören immer zwei dazu. Und: Ich hab dir nie die große Liebe versprochen und du mir auch nicht! Hoffe, wir sprechen nochmal darüber, was eigentlich los ist. Bin jedenfalls sauer wegen der Zeilen.«

Dass er sauer war, gefiel mir, ich hatte auch nichts anderes vorgehabt.

Mama schrieb mir einen langen Brief, in dem sie erzählte, dass mit Kalle Schluss sei und er auch abgebrochen habe. Sie fragte, was ich denn jetzt eigentlich vorhabe, denn mit dem Abschluss, vor dem ich mich wieder mal gedrückt hatte, wäre ich doch jetzt schon fertig gewesen, und dass vom Filmemachen doch auch kein Geld komme.

Dass ich mit Ewu weiter Filme drehen würde, sah ich im Moment auch nicht mehr, dachte, ich wäre ihn mit dem Brief los, und legte mir ein Tarot. Ich zog die Karten Genuss, Reichtum, Streben und als Zusatzkarte Tapferkeit. Ewu klopfte an meine Tür und fragte, ob ich Lust hätte, mit ihm ein paar Aufnahmen im Tempel zu machen. Ich war froh, dass er nicht mehr sauer war, und freute mich, dass ich den Freund in ihm nicht verloren hatte; diese scheiß ungewisse Popperei hatte alles etwas gestört. Wir fuhren mit den Rädern los und blieben bis nachts, es war richtig magisch, Ewu hatte sich was einfallen lassen:

»17.6., 0:10 h – Ich mag diesen Geruch des Abgefuckten … Und die Glut hab ich mit meiner Spucke getötet – viel Glut auf den Tempelstufen, den Rest hab ich mit meinen schweren Schuhen zertreten, glühende rote Brocken flogen in alle Richtungen und verloschen schnell. Zwischen zwei Säulen brannte noch der letzte Rest des Feuers, das um den ganzen Tempel ging. Überall lagen Glutbrocken rum, sie sahen für mich aus wie Träume, zusammengeknüllt zu einem Häufchen, das nun verglühte, erlosch. Die Sonne war schon vor einiger Zeit vom Himmel gefallen und hatte die Nacht zurückgelassen. Schemenhaft nur – die Menschen um mich rum. Der Tempel – ganz dunkel, ganz magisch und mystisch – strahlte in der Dunkelheit etwas Vertrautes, Beständiges aus. Ich sah mich mit den ganzen Leuten eine Party feiern, vor drei Jahren. Sah das Feuer im Mülleimer, sah mich unschuldig Drogen nehmen, vor drei Jahren. Die Vergangenheit ist so unwirklich geworden.«

Während wir zusammen unterwegs waren, gingen wir vorsichtiger miteinander um, die Albernheit fehlte; Ewu war ernster. Er hatte gemerkt, dass ich vielleicht doch mehr wollte, dass ich echt eifersüchtig war. Ich ließ ihn in den nächsten Tagen in Ruhe, und wir schrieben uns Zettel, die vor unseren Türen landeten. Er machte sich auf jeden Fall mal Gedanken um sein Verhalten seinen beiden Frauen gegenüber und darüber, dass es ganz und gar nicht O.K. war, Heike zu betrügen und zu mir nicht stehen zu können. In diesen Tagen war dann auch mit Heike Schluss.

Der Monat ging dem Ende zu, und ich hatte immer noch kein Zimmer – langsam bekam ich echte Panik. Dafür war das Verhältnis zu Ewu wieder besser, ich saß jetzt ganz offiziell in seinem Zimmer. Ich musste mich nicht mehr verstecken, niemand wurde mehr betrogen, es war O.K.

Eine Woche vor Ende meiner Phasenzeit rief Melanies Mutter an und fragte, ob Adam sich gemeldet oder ich schon etwas anderes zum Wohnen hätte. Wenn nicht, könnte sie mir die Wohnung, die mit dem Durchgangszimmer für zwei eigentlich doch nicht so geeignet sei, auch alleine anbieten – vorausgesetzt, dass das Sozi mitspielte. Das war ja eine ganz neue Perspektive! Und die Auflage von Melanies Ma konnte ich akzeptieren – auch wenn sie es nicht mitkriegen würde, wenn ich rückfällig werden würde.

Beim Sozi hatte ich wirklich Glück. Die Sozialarbeiterin war schon älter und wirkte etwas einschüchternd, aber dann war sie total mütterlich und nickte alles ab, was ich beantragte, die Miete, die Mietsicherheit und Geld für den neuen Hausstand. Sie fiel fast aus allen Wolken, als ich ihr ein bisschen von mir erzählte; sie meinte, dass ich es nicht leicht gehabt hätte und jetzt einen vernünftigen Start in ein neues Leben bräuchte. Es war wohl eine ihrer letzten guten Taten, denn als ich ein paar Wochen später wieder da war, war sie schon pensioniert.

27. Juni: »Es hat geklappt, in ein paar Tagen zieh ich aus! Alles ganz anders, als ich es erwartet hatte: eine Wohnung ganz für mich allein. Ich werde dafür sorgen, dass ich nicht oft allein bin, außer, wenn es mir gut tut. Ich habe mich gegen Spritzen entschieden, überhaupt gegen Koks und Shore – würde alles verlieren, alles! Gut, das zu wissen, sehr gut! Ich kann's packen, will zu den zwei bis drei Prozent gehören, die es schaffen!«

Die Wohnung gefiel mir auf Anhieb. Sie war in der Constantinstraße, ganz oben, mit großer Wohnküche, in der knallrotes PVC lag; eine Wanne gab es, und die beiden Zimmer waren auch gut geschnitten. In dem einen war noch das Schlafzimmer vom Vormieter, so 'n hässliches Schleiflackteil mit Nachttischen und passendem Riesenschrank. Ich übernahm nur die fast neuen Matratzen.

Mamas Wochenberichte im Juni:

»2.6. – Ich war die Woche über echt abgenervt, so wie Kalle sich mir gegenüber benimmt, wenn er wegen anderen einen Hals schiebt. Am Wochenende hab ich mich lange mit ihm unterhalten. Ich verstehe ihn jetzt besser, und er weiß, was bei mir so abgeht. Es ist gut, dass wir über solche Dinge wie Eifersucht reden können. Ich habe Rauchverträge mit allen Frauen (Bad) und mit sechs Männern. Kaffee- und Rauchvertrag hatte ich mit Kalle. Im Bulli zu Arztfahrten hab ich auch mitgeraucht.

16.6. – Seit dem Paareinzel ging es mir nicht so gut. Ich wollte die Beziehung lösen, aber ich war zu feige. Mir ist erst später, als Kalle weg war, klar geworden, was für linke Anteile ich da hatte. In meinen ganzen Beziehungen war es so, dass ich nie gesagt habe, was ich wollte. Das Ding hier hat mich echt zum Nachdenken gebracht. Auch dass ich am Ende einer Beziehung immer als armes Opfer dastand, fand ich normal. Ich hab es immer so gedreht, dass es auch ja so ist. Als Kalle sagte, dass er geht, habe ich es erst nicht geglaubt. Mir war übel, als ich hörte, dass er weg ist; ich gebe mir mit die Schuld daran.

23.6. – Mein erster cleaner Geburtstag seit Langem. Ne Menge hochgekommen ist mir, Geburtstag hab ich sonst immer verdrängt. Gefühlsmäßig war die Woche viel los, hab gemerkt, dass ich mich in Volker verliebt habe. Dass es bei ihm auch so ist, hab ich auch gemerkt. Ich hab immer nur gedacht: Nee, nicht schon wieder! Ich kam mir mies vor, weil Kalle gerade erst weg ist, und ich hab nichts Besseres zu tun, als mich in die nächste Beziehung zu stürzen. Angelika sagte, dass ich Volker schon im Auge hatte, als Kalle noch da war. So stimmt es zwar nicht, aber ich sehe es jetzt auch so, dass ich immer auf wen zurückgegriffen habe, damit ich nicht alleine bin. Ich weiß, dass ich in Sachen Beziehungen echt gucken muss. Wenn es mir mit dem HIV schlecht geht, will ich nie darüber reden, verdränge es, weil ich glaube, dass ich die anderen damit nerve. Ich will jetzt auch in den Gruppen mal mehr machen, auch in der Frauengruppe über meine Sexualität reden, ich habe Angst davor, mich damit auseinander zu setzen, aber ich muss da echt mal ran.

30.6. – Heute ist mein Mann ein Jahr tot. Manchmal tut es noch weh, wenn ich an ihn denke. Die Schuld an seinem Tod gebe ich mir nicht mehr, er wusste, was passieren kann. Manchmal denke ich, dass ich ihn irgendwann wiedertreffe.«

Nach der Phase

Mama stürzte sich also weiter in irgendwelche Sehnsuchtsbeziehungen – und ich mich in mein neues Leben!

Der Umzug war unspektakulär, hatte ja nichts groß, außer den Pflanzen und ein bisschen Krimskrams. Die erste Nacht schlief ich in der Küche, weil der Vormieter sein Bett noch nicht abgebaut hatte und ich dieses Monstrum nicht benutzen wollte. Ewu schlief bei mir, es war wieder lustiger zwischen uns. In der folgenden Nacht war ich zum ersten Mal allein. Es war ungewohnt, ich fühlte mich komisch und tigerte in der leeren Wohnung rum, lauschte auf neue Geräusche, wünschte mir Ewu her. Aber mir war klar, dass er nicht jede Nacht bei mir pennen konnte.

In der ersten Woche richtete ich mich ein, besorgte mir aus dem Sozi-Möbellager einen großen, runden Holztisch und vier Stühle für die Küche. Sofaelemente hatte ich von Holly übernommen, ansonsten hatte ich noch meinen alten kleinen Tisch und ein Regal. Meine Matratzen lagen auf Europaletten. Zum ersten Mal kaufte ich Geschirr und Besteck, alles in Rot und Schwarz, so, wie bald auch meine ganze Küche aussah.

Eine Woche nach dem Einzug traf ich am Weißekreuzplatz Ebby und kaufte ihm ein Gramm Hasch ab. Ich baute mir ein Kawumm aus einer Papprolle und Alufolie – und rauchte meinen ersten Zug Hasch nach zwanzig Monaten! Ich hatte mich vorher genug damit auseinander gesetzt und entschieden, dass ich für mich nicht rückfällig werde, wenn ich mal einen kiffe; das hatte mir jedenfalls nie geschadet! Ich wollte eine ganz normale Heranwachsende sein, die auch mal kiffen kann, ohne gleich abzustürzen – außerdem sah ich es so, dass mich das Kiffen vor härteren Ausfällen bewahrte. Und Mann, was war ich dicht nach dem Zug: »Der Kopf so schwer und ein reines Gewissen. Ich erlebe alles so seltsam – dass ich eine eigene Wohnung habe und mit der Therapie fertig bin. Ich wünsche mir, das jemand herkommt – würde aber niemanden reinlassen, könnte es nicht ertragen, wenn es jetzt an der Tür klingelt … Ich wünsche mir, pulverclean zu bleiben – now, I'm a cat on dope …« In der Nacht klingelte jemand stundenlang an meiner Tür, aber ich konnte einfach nicht aufmachen, war wie gelähmt.

Ewu war es gewesen, er hatte sich Sorgen gemacht, dass ich rückfällig geworden war. Ich versicherte ihm, dass alles gut war; ich hatte keine Traute, ihm die Wahrheit zu sagen. Er blieb zwei Nächte bei mir, und es war richtig gut – zu gut, denn danach hatte ich echte Probleme: »Ich bastle mir meinen eigenen Trip – in meinem Zimmer, in meinem Kopf. Fällt mir schwer, allein zu sein. Hast du mich hängen lassen … Dieter guckt mich rauchend an, Dieter ist tot. Ich bin allein mit meinen Geistern. Ein heißerer Trip durchs Leben! Hast mich hängen gelassen, ich komm schon klar. Will keinen brauchen, brauch nur mich wirklich – und andere, um zu wissen, dass ich existiere, nicht unsichtbar bin. Ein bisschen Mystik, ein bisschen Magie und leise Musik, nur für mich. Hier. Bin nur ich.«

Das Anti-Expo-Festival war im Welfengarten. Dort traf ich meine ehemalige Therapeutin Sabine, sie war mit ihrem Freund da; ich setzte mich etwas weiter weg von ihnen. Plötzlich sprach mich ein hippiehafter Typ an und meinte, wir hätten uns mal im MAD gesehen, als ich mit Hose da war. Ich konnte mich nicht so direkt an ihn erinnern. Er hieß Matti und war mit ein paar Freunden da – wenn ich mitkiffen wolle, solle ich doch mitkommen. Mit Sabine im Augenwinkel lehnte ich ab. Matti war ein bisschen erstaunt und fragte mich nach meiner Telefonnummer. Ich gab sie ihm ohne zu zögern, und er meinte, dass er mich mal besuchen würde.

Ich setzte mich intensiv mit meiner Kifferei auseinander, erzählte anderen aber nichts, wollte mir erst mal selbst klar werden, ob ich es weitermachen wollte. Jeden Tag in den nächsten vier Wochen versteckte ich das Piece an immer anderen Stellen in der Wohnung. 15. Juli: »Warum sollte ich jetzt Dope rauchen? Es ist ein dauernder Kampf. Will nix bereuen. Will nicht mehr kämpfen. Darf/will nicht schwach sein. Muss immer, immer stark sein …«

Ich flüchtete vor mir selbst in die Phase und machte es mir bei Ewu gemütlich; er war nicht da, und die beiden anderen mussten auch weg. Irgendwann kam Ewu, er war erstaunt, mich zu sehen, wie ich schreibend auf seinem Bett saß, aber nicht abweisend, das war das Wichtigste. Ich fühlte mich wie grad aus dem Ei gekrochen.

Brainstorm

Am nächsten Tag musste Ewu einiges machen. Ich blieb allein da, ich hatte richtig Angst vor meiner Wohnung bekommen. Ich frühstückte lange mit Patrizia, sie erzählte von weiteren Rückfällen aus dem Haus, den Rest des Tages durchlebte ich einen regelrechten Brainstorm: »16:47 h – Ja, sie hat Recht … hab Angst, krank zu werden, in meiner Bude rumzuhängen, und niemand ist da. Will es nicht mehr spüren, hetz mich durch die City, will mein Bestes geben, hasse es abgrundtief, schutzbedürftig zu sein. Ich schaff das. Ich werde diese scheiß Zeit auch hinter mir lassen. – 17:17 h – Hey! Wer vermisst dich, wenn niemand dich sieht? Alles eine großartige Show – voller Heldentaten, mit Angst vor den Untaten. Hab ich Angst vor Sympathie, Angst vor Liebe? Hey! Wer vermisst dich in einer schwarzen Nacht? Aber ich werde nichts tun, wofür ich mich hassen, schämen, verurteilen muss. (Ich hab's ja gewusst, würden die anderen sagen.) – Hey, SilWAHNa – du kriegst mich nicht! Ich lass mich von dir nicht unterkriegen. – 17:36 h – Sie verschaffen sich diese altbekannten primitiven Kicks. ICH WILL NICHT DAZUGEHÖREN! Ich gehöre nirgendwo dazu. Jetzt bin ich nüchtern, bin klar und erlebe alles so intensiv. Ich darf mich nicht mehr hassen, wofür auch? Was für 'ne Scheißzeit. Ist es das wirklich – eine Scheißzeit? Die Wirklichkeit? So ist das also. Ich komm dahinter. Fall nicht mehr auf mich rein. Ich weiß, in ein paar Tagen, Wochen werde ich mich an diese Zeit erinnern und sagen, dass sie mich wohl stärker gemacht hat. – 18:03 h – LOS! Tut mir nicht weh – Nadelgedanken kreisen um Haschschranken. Die Kokainmama lächelt ihr breites schmieriges Grinsen. Alle strecken ihre Arme nach mir aus … – 18:45 h – Da ist nicht mehr mein Zimmer, voll gehängt mit Tüchern, Bildern und Erinnerungen. Meine Geburt ist mal wieder vollzogen, raus aus diesem Schutz. Ich habe das gekriegt, was ich wollte. Ich dachte vorhin kurz, mich breit in die Wanne zu legen, umgeben von Fruchtwasser. Ich würde mir einbilden, dass ich durchs Dope die inneren Zerrungen nicht mehr spüre. Spätestens morgen – würde ich mich umbringen. Wer wäre sauer, wenn man mich mit blutenden Armen und offenen Augen findet? Nein, ich will meinen Tod nicht mehr selbst inszenieren – injizieren. Ich sterbe von ganz alleine. Ich fühl mich so alt. – 18:55 h – Das ist alles nur eine Frage der

Auseinandersetzung. Kampf mit dem zweiten Ich, das ziemlich klein, aber manchmal noch sehr mächtig ist. Zähl die Toten, oder nicht. Gebt mir scharfe, scharfe Messer – damit ich die Kokainmama totmachen kann. Gebt mir scharfe Messer, damit ich meine zweite Hälfte von mir schneiden kann. – 21:00 h – Ich sehe nix anderes, als dass die Wohnung leer ist, wenn ich da bin. Dabei dauert es nie lange, bis jemand kommt, für kurze Zeit. Ich darf mich nicht entfernen. Endlose Kämpfe, Krämpfe. Ich kann jetzt nicht ›nach Hause‹ fahren, ich hab Angst vor mir. Will mich aber an niemanden klammern. – 21:43 h – Scheiße – in was für 'ne Show bin ich reingeraten? Stoned sein ist auch eine gute Maske, die Leute lassen einen dann in Ruhe. Stoned sein ist out für mich, bringt's nicht mehr, was anderes muss her! Wo will ich mich hinbringen? Nicht in den alten Film! Draußen wird's dunkel, und meine Angst wird größer – da wo die Angst ist, geht's lang.«

Ewu fragte, ob ich noch eine Nacht bleiben wolle – na klar, was denn sonst! Ich zeigte ihm meinen Brainstorm und vertrieb damit meine Todessehnsuchtsgedanken. Mich vor lauter Lebensangst lieber umzubringen – das kam nicht in die Tüte! So billig kam ich mir nicht mehr davon! Es war meine letzte Nacht in der Phase, eine neue Zeit begann, und bald machte ich mit Ewu endlich ganz Schluss.

Herrmann

Auf dem Weg nach Hause kam ich an der TKN-Vermittlungsstelle vorbei. Ich ging kurz rein, um nach Herrmann zu fragen, ob er schon in Therapie war. Anita sah nach und sagte dann trocken: »Ach ja, Herrmann – ja, der hat sich 'ne

Überdosis gesetzt! Den gibt es nicht mehr.« Das war keine große Sache für sie, das erlebte sie fast jeden Tag. Ich wollte mein Erschrecken verbergen und sagte nur: »Ach so – na ja, dann halt nicht …«, und verschwand.

»Kleiner, zerbrechlicher Herrmann mit dem Engelshaar. Herrmann war high. Hast du bekommen, was du wolltest? Herrmann ist tot. Lasst uns ein Loblied singen, er hat's geschafft, sich fertig gemacht. Herrmann mit dem Engelshaar. Warst lange nicht da. Hey, Herrmann … schade.«

Ich fand es echt so schade. Wahrscheinlich hatte er sich mit ähnlichen Gedanken herumgeplagt wie ich in den letzten Tagen. Melanie kam, und wir trauerten gemeinsam um ihn. Aber was eigentlich abging, machte ich mit mir selbst klar. Ich war zum ersten Mal froh, allein in meiner Bude zu sein; meine Einsamkeit, die Angst vor mir selbst, war wie weggewischt durch seinen Tod. Ich hörte nur Doors und malte und schrieb für ihn: »Ich bin übrig geblieben. Erst mal. Komm! Eine Gedenkminute für MEINE Toten. Wir haben uns alle aus den Augen verloren. Wir sind im selben Film. Ich bin noch zu sehen, euch kann man nur erahnen. When the music's over – unser Sound. Jede Nacht auf Trip. Ich bin übrig geblieben. Wahrscheinlich wisst ihr jetzt mehr, als ihr wusstet. Hey! Wir werden uns wieder treffen. Und dann feiern wir 'ne Party. Feast of friends. Until the end. The celebration … ihr wisst schon – bis dann, alles klar.«

Ich erfuhr mehr über Herrmanns Abgang: »Er wurde gefunden, in den Leinewiesen – Alleinewiesen. So wolltest du es also haben! Ich vermisse die Gewissheit, dass du irgendwo lebst. Hörst du die Musik bei mir? This is the end, beautiful friend – so oft gehört und jetzt nur noch ich da. Hey, Herrmann, du dummes Arschloch! Das Einzige, was ich wirklich bereue, ist, dass wir uns kennen lernen mussten. Vielleicht wärst du ohne mich gar nicht auf so 'n Trip gekommen. Hab ich dich angesteckt? Du hast gebrannt vor Todessehnsucht.«

Ich machte mir echte Vorwürfe, denn Herrmann war damals so auf meine Eltern und den ganzen Rassel abgefahren, dass er mehr Kontakt mit ihnen hatte als ich in meiner letzten Zeit. Mama hatte ihn mal Silvester so breit gemacht, dass er nicht mitbekam, wie sie seinen Videorekorder, den er für den Abend mitgebracht hatte, am Steintor versetzte. Als er wieder zu sich kam, sagte sie, dass ein Typ da gewesen wäre, dem sie was schuldeten, und der hätte den Rekorder einfach mitgenommen. Herrmann blieb nichts anderes übrig, als es zu glauben.

Neue Freunde

Matti rief an, er wollte mich besuchen. Er kam mit einem Bumerang, und wir gingen auf den Sportplatz um die Ecke. Er warf den Bumerang genau einmal, und dann hing das Ding sehr weit oben im Baum fest. Über eine Stunde versuchten wir ihn runterzuholen, ich verlor dann die Lust, und wir gingen zu mir. Da ich nicht sehr gesprächig war, rief Matti Andy an, er wohnte bei mir in der Nähe, und wir besuchten ihn. Andy hatte alle möglichen Psychedelic-Platten und war auch so drauf, ansonsten studierte er Chemie. Wir fuhren in die Nordstadt zu Chrissi, dort war auch Marius, er sah Herrmann etwas ähnlich. Alle dachten, dass ich Mattis neue Freundin sei; das stellte ich schnell richtig, er war zwar nett, aber nicht mein Typ. In den nächsten Tagen sah ich sie alle oft, es kamen immer mehr neue Leute dazu: Darren, der leider ein paar Jahre später auch eine Überdosis erwischte, Klaus, der jetzt lieber in der Klapse abhängt, Natascha, Moppel, Heini. Ich unternahm plötzlich viel, fuhr mit ihnen in Steinbrüche oder nach Zytanien – es war alles so anders, endlich hatte ich genau die Leute kennen gelernt, die mir schon mein ganzes Leben gefehlt hatten. Ich sprach mit ihnen über die Therapie und dass ich aufpassen musste, nicht rückfällig zu werden.

Jeden Tag meldete sich wer von meinen neuen Leuten, und wir fuhren irgendwohin und kifften. Ich fühlte mich nicht rückfällig, ich fühlte mich endlich wie eine normale Jugendliche. Allerdings flüchtete ich nachts auch vor meiner leeren Wohnung. »Es ist keine Zeit zum Schlafen. Höchstens drei Stunden sack ich zusammen, und mein Bewusstsein schaltet sich aus. Dann schreck ich hoch und springe in die Dusche und mache irgendwas. Denken geht schnell, es ist keine Zeit zum Schlafen. – Orientierungslos, muss mal wieder klarkommen, bin wütend, bin nur unterwegs. Fühl mich in meiner Bude nicht so wohl allein. Verloren, noch nicht ganz. Auch nicht verschwunden.«

Mamas Wochenberichte im Juli:

»8.7. – Als wir einkaufen waren, musste ich an früher denken; ich will nicht sagen, dass ich klauen will oder muss. Es ist aber ein gutes Gefühl, alles zu bezahlen und ohne schlechtes Gewissen aus dem Laden zu gehen. Ich weiß, wenn ich mal wieder klaue, wäre das mein Rückfall. Mit der Beziehungs- und Kontaktsperre zu allen Männern komme ich nicht klar. Es scheint so, als ob Volker und ich uns in der Wäsche verabredet hätten, aber wir trafen uns rein zufällig. Mir war einfach danach, ihn in den Arm zu nehmen und ihm einen Kuss zu geben. Ich unterhalte mich gern mit ihm und bin auch gerne mit ihm zusammen. Die Sperre ist für mich eine Strafe.

14.7. – Mit der Kontaktsperre zu den Männern geht es mir voll mies. Ich sehe es jetzt aber auch, dass ich in vielen Situationen (Verantwortung und Entscheidungen) oft auf Männer zurückgreife. Das Wochenende war voll daneben, es waren ja nur vier Frauen im Haus, ich kam mir sehr allein vor. Gestern Abend habe ich viel an meine Kinder gedacht.

21.7. – Seit Montag nehme ich Retrovir, ich wollte damit eigentlich nicht anfangen, aber meine Werte sind zurzeit nicht so gut, und mein Pilz kommt und geht. Falls es schlimme Nebenwirkungen gibt, setze ich es wieder ab. Das Blutbild muss jetzt alle 14 Tage kontrolliert werden. Dass es keine Frauengruppe gab, fand ich doof, hätte gern darüber geredet, wie ich meine Weiblichkeit sehe. Die Gruppe Sexualität und Aids fand ich gut. Über meine Sexualität will ich demnächst reden. In der Familiengruppe steht für mich die Verabschiedung von meinen Eltern an, ich will ihnen einen Brief schreiben. Mir ist klar geworden, dass ich Silvana die Verantwortung für mich übergeben habe, beim letzten Besuch habe ich ihr gesagt, dass ich sie jetzt loslasse und die Verantwortung für mich selbst übernehme. Ich habe gemerkt, dass ich ihr damit eine große Last abgenommen habe. Die Kontaktsperre zu allen Männern hatte auch was Positives; ich kam mir aber manchmal so vor, als ob ich eine ansteckende Krankheit hätte.

28.7. – Ich bin froh, dass ich jetzt im Garten bin, die Wäsche hat mich oft abgenervt. Nach der Gruppe dachte ich darüber nach, dass ich es nie als Missbrauch gesehen hatte, was mein Vater, mein Onkel und auch teilweise meine Partner mit mir gemacht haben. Sonst geht es mir gut, ab und zu bin ich schlapp und habe Kopf- und Gliederschmerzen, das kann aber auch vom Wetter kommen, auf das Retrovir schiebe ich es nicht.«

Ich schrieb Mama, dass ich sie Ende des Monats nicht besuchen käme, weil ich meinen Geburtstag in Hannover feiern – und jetzt meinen eigenen Weg gehen wolle. Sie antwortete, dass sie erst traurig und enttäuscht gewesen sei, es jetzt aber akzeptiere. Das mit der Verantwortung und was sie mir aufgeladen habe, habe sie erst in der Therapie geblickt, aber ich sei und bliebe ihre liebste und beste Freundin. Sie wollte, dass wir bei meinem nächsten Besuch mit einem Therapeuten reden. Das gefiel mir überhaupt nicht – ich hatte genug Therapiegespräche hinter mir!

LSD

Am 20. August nahm ich – zusammen mit Marius – den ersten Trip nach langer Zeit; es war, bis auf Hasch, das Einzige, was mich noch an Drogen reizte. Marius wohnte damals in der Haspelmathstraße unterm Dach; wir gingen in der Dämmerung raus, fuhren mit dem Rad in die List zu einer Freundin von Chrissie. Bei ihr war es sehr bunt, sixtiesmäßig eingerichtet. Wir hauten bald wieder ab, alles war so komisch, Trip eben. Draußen bekam ich plötzlich voll den Wahn, dass ich gleich wen aus der Phase treffe, die um die Ecke war. Wie angewurzelt blieb ich stehen und wagte es nicht, noch einen Schritt weiterzugehen. Marius brachte all seine Überredungskünste auf, und nach einiger Zeit fuhren wir weiter. Geduckt sah ich mich immer wieder um, aber das schwebende Gefühl auf meinem Fahrrad lenkte mich ab, ich genoss die Fahrt; ich musste nicht nachdenken. Marius fuhr voran, die Straßen waren ziemlich leer.

In Linden liefen wir noch die ganze Nacht durch die Gegend, in der Rampenstraße hatte ich plötzlich die Halluzination, dass ein Bullenauto auf der Wiese steht. Marius sah es auch – da hatten wir dieselbe Hallu erwischt, abgefahren! Doch es war keine Halluzination – da stand echt ein Bullenauto! Stocksteif ging ich daran vorbei, während Marius lässig weiterschlenderte – er hatte nicht so eine Bullenparanoia wie ich. Ich hatte die ganze Zeit Angst, dass sie gleich aus ihrem Auto springen und uns festnehmen würden, weil unsere Augen so leuchteten. Langsam wurde es hell. Bei Marius rauchten wir noch ein paar Bongs und schliefen irgendwann nebeneinander ein, er war mir so vertraut wie Herrmann damals.

Der Trip an sich war natürlich streckenweise etwas stressig, mit meiner ganzen Paranoia und dem schlechten Gewissen. Aber ich hatte es echt gewollt. Außerdem ist LSD für mich keine Absturzdroge. Ich hatte nie Probleme damit und bin bis jetzt nicht dran hängen geblieben. Es war für mich damals kein Rückfall und ist es auch heute nicht. Mir war es immer nur wichtig, dass ich jegliche Pulverdrogen, Spritzen und Pillen vermeide – von Hasch, LSD und Pilzen war nie die Rede gewesen. Hört sich an wie 'ne Rechtfertigung, ist aber mein Privatvergnügen. Ich würde auch niemandem empfehlen, LSD zu nehmen. Ich kenne auch Leute, die damit nicht klarkamen, die verwirrt von sich selbst zurückblieben. Viele machen es einmal und dann nie wieder.

Gleich nach meinem 20. Geburtstag fuhr ich mit den Völksenern in den Harz zum Zelten; ich musste mich mal wieder aus Hannover ausklinken. Ich dachte viel über meinen Konsum nach, beredete die Trips aber mit niemandem. Das war mein Geheimnis, das ich für mich reflektieren musste.

Zurück in Hannover war ich froh, dass ich das alles mit der Therapie hinter mir hatte. Ich wollte mich jetzt zusammenreißen und nicht mehr so panisch sein, wenn ich allein zu Hause war – ich hatte ja immer die Angst, dass ich vergessen werde. In der Glocksee traf ich Inka aus Düsterntal wieder, ich war auf Trip, und wir fuhren gegen Morgen zum Bahnhof, um unser Wiedersehen am Passfotoautomaten festzuhalten. Sie war in die Phasenwohnung bei mir in der Nähe gewechselt. Mit ihr traf ich eines Tages Gerdchen in der Passarelle. Er sprach mich an: Ich könnte ruhig mal wieder vorbeikommen, ich wüsste ja, wo ich ihn finde. Inka war stocksauer und hätte ihm am liebsten eine geklatscht!

Im Herbst hatte ich meine zweite Ausstellung im Pavillon, anlässlich der Veranstaltung »Drogen im Herbst«. Danach stellte ich im »Bad« zweimal verschiedene Bilder aus. Ich verliebte mich in einen Magersüchtigen, von dem ich dachte, er sei auf Koks, weil er so dünn war, und schlief keinmal mit ihm in den sechs Wochen unserer »Beziehung«. In dieser Zeit hörte ich das erste Mal Dead Moon, natürlich auf LSD, es war genau das, was ich schon immer hören wollte! Bis heute war ich auf fast zehn Konzerten der Gruppe. Sie begleiteten mich zukünftig durch viele dieser Nächte, in denen ich vor meinem dunklen Spiegel saß: »Halluzinationen quellen aus meinen Augen, und mir wurde ALLES klar. Ich begriff auf einmal das ganze Leben. Die Menschheit besteht aus Sternenstaub. Ich will nicht mehr denken! Ausschalten – abstellen – wegträumen – mit dem lautesten Sound in meinem warmen Hirn. Stehe am Abgrund meiner Gedanken; ich werde nicht springen – ich darf leben, um zu machen, was ich will! Ich habe jede Art der Angst überlebt, was kann mir noch passieren?«

Langsam genoss ich mein Alleinsein, auch wenn ich ständig in irgendwelchen Melancholien ertrank.

Norbert besuchte mich, er war raus aus dem Knast und brachte zwei Flaschen schlechten Faber-Sekt mit. Ich freute mich über seinen Besuch, und wir unterhielten uns über alles Mögliche. Plötzlich holte er ein Päcken aus der Tasche und legte zwei Kokslinien auf ein Buch – »Du willst doch auch, oder?« Ohne nachzudenken, sagte ich ja – und ging nochmal aufs Klo. Dort dachte ich: Was hab ich eben gesagt? JA?! Ich sagte Norbert dann, dass ich doch nicht will. Leicht beleidigt saugte er es selbst ein. Er fragte mich, auf was ich denn jetzt stehe, denn dass ich ganz clean war, glaubte er mir nicht. Ich gab zu, dass ich mich öfter mit meinem alten Freund, dem LSD, treffen möchte. Er brachte mir ein paar Tage später einen ganzen Schwung Papers vorbei; bezahlen sollte ich sie später.

Ich kann nur sagen, dass ich sie nicht verkauft habe, ich vertrieb mir die nächsten Monate damit. Ich malte fast zweihundert Bilder in dieser Zeit, manchmal fünf an einem Tag, und schrieb mir die Finger wund. – Ich finde, dass es mir nicht geschadet hat, und so merkwürdig es auch klingt: Es hat mich auf den Boden zurückgeholt.

Norbert tauchte nicht wieder auf. Später hörte ich, dass er bei einem Bruch in einer Bank verhaftet wurde und wieder für fünf Jahre in den Knast kam.

Mamas letzte Wochenberichte

»4.8. – Silvana schrieb, dass sie nicht zum Elternseminar kommen will, sie schiebt ihren Geburtstag vor. Ich merke, dass sie sich langsam von mir verabschiedet. Ist ein komisches Gefühl. Letzte Woche hab ich in der Gruppe gesagt, was ich mir wert bin, eigentlich war ich mir gar nix mehr wert.

11.8. – Irgendwie fühl ich mich total beschissen. Allein, einsam und traurig. Dass ich mich von Silvana verabschieden muss und will, tut mir weh.

18.8. – Fühl mich schlapp und müde und komme mir allein und verlassen vor. Habe auch Zukunftsängste. Ich habe Angst, dass ich es nicht schaffe.

25.8. – Montag in der Gruppe wollte ich über meine Ängste reden, war mir aber mal wieder nicht wichtig genug, habe wieder anderen den Vortritt gelassen. Die Verabschiedung von meinen Eltern war O.K., ich weiß, dass ich bei mir was ändern muss und will. Ich sehe auch, dass meine Eltern keinen Bock mehr auf Leben hatten.

1.9. – Montag wollte ich meinen Antrag machen. Da wir keine Zeit mehr hatten und Andreas seinen auch machen wollte, sollte sich die Gruppe entscheiden. Bis auf Harald haben sich alle für Andreas entschieden, fühlte mich in diesem Moment ganz schön allein. Freitag war ich in Hannover, war komisch. Habe mich gefreut, mal wieder da zu sein, war aber froh, als ich wieder hier war. Ich denke, dass ich nach der Therapie hier in der Nähe wohnen bleibe. Heute hat Silvana Geburtstag, hab oft an sie gedacht; ich freue mich, dass sie es so weit gepackt hat.

15.9. – Ich hab den Urlaub richtig genossen. Am Strand habe ich oft an meinen verstorbenen Mann gedacht. Ich will mich nochmal von ihm verabschieden, ich werde das Bild nicht los, wie ich ihn verlassen habe.

22.9. – Die Arbeit in der Verwaltung macht voll Spaß. Ich sehe das erste Mal in meinem Leben, dass ich auch was anderes kann als nur Haushalt, putzen und klauen. Dass mein Antrag durchging, hat mich auch gefreut.

29.9. – Ich habe mir die Woche über voll Gedanken um Silvana gemacht, wartete jeden Tag auf Post von ihr. Heute konnte ich sie anrufen; sie sagte mir, dass sie im Moment keinen Bock hat, mich hier zu besuchen. In der Familiengruppe war ich traurig und hatte auch voll die Schuldgefühle. Ein Trost bei der ganzen Sache ist, dass alle drei Kinder bei Pflegeeltern gut untergebracht sind. Es tut weh, wenn ich an sie denke.

6.10. – Freitag, als bei der Gruppe die Brüllerei losging, wär ich am liebsten rausgelaufen; ich kann das nicht aushalten. Das Thema war für mich O.K., ich habe mir schon oft die Frage gestellt, warum überhaupt clean leben? Ich kann für mich nur sagen, dass es meine einzige Chance ist.

13.10. – Freitag will Silvana kommen, ich freue mich schon darauf. Dass ich in der Verwaltung eine Umschulung machen kann, finde ich gut. Ich habe so was noch nie gemacht, aber ich traue es mir zu. Vor der Berufsschule hab ich etwas Angst, ich bin seit 21 Jahren aus der Schule raus, aber egal, das werde ich auch packen. Es ist wirklich alles gut bei mir, sogar meine Werte sind super. Ich trau dem Frieden nicht. So gut ging es mir noch nie.

20.10. – Die Arbeit macht mir Spaß, muss nur noch richtig eingearbeitet werden. Am Wochenende war Silvana da, wir haben viel geredet. Sie hat auch gemerkt, dass ich anders drauf bin als vor sechs Monaten.

27.10. – EDV-Kurs kam mir erst etwas komisch vor; als sich aber alle vorgestellt hatten, ging es mir besser. Ich habe auch gesagt, dass ich in Therapie bin. Von den Pflegeeltern habe ich endlich Post bekommen. Sie scheinen immer noch Angst zu haben, ich könnte da reinschneien und irgendwas zerstören. Ich möchte Yvonne gern mal wieder sehen, aber ich würde nichts tun, was ihr in ihrer Entwicklung schaden könnte. Die sehen in mir auch immer noch die alte Fixerbraut.

3.11. – Irgendwie bin ich traurig. Das Elternseminar war so weit gut, habe mit den ›Müttern‹ mitgefühlt und hab mich oft als Mutter von Silvana gesehen. Ich weiß, dass ich mich für das ›Sterben‹ meiner Eltern nicht mehr verantwortlich fühle. Ich fühl mich jetzt nur für mich verantwortlich und ich will LEBEN!«

Das war der letzte Wochenbericht von Mama, sie kam in die Reha und brauchte keine mehr schreiben. Ich fand gut, was ich von ihr sah. Als ich allerdings nach ihrem Tod ihre Wochenberichte las, dachte ich oft, dass ich nach einem halben Jahr schon viel weiter war. Ist ja auch kein Wunder, sie war dreimal so lange drauf gewesen wie ich! Aber ich bin mir sicher, dass ich sie öfter als ihre Therapiekollegen auf den Pott gesetzt hätte. Ich hätte es ihr nicht durchgehen lassen, dass sie sich so durchschlängelt. Noch im Haus hatte Mama einen Rohypnol-Rückfall. So was hätte ich überhaupt nicht gewagt, wie peinlich ist das denn?! In den Gruppen scheint ihr auch niemand echte Starthilfe gegeben zu haben. Bei uns in der Gruppe wussten wir immer schon vorher, wenn einer was für sich klar machen wollte. Wenn sich derjenige dann aber nicht traute, sprachen wir es an, und alles war gut.

Ich wollte mich von diesem ganzen Film abwenden, war auf der ständigen Suche nach einem Menschen für mich allein. Ich hatte keine Lust mehr, mich ständig über Drogen oder Rückfall zu unterhalten, und stellte meine Stunden in der Bödekerstraße ein; nur Dietrich sah ich einmal im Monat zum Einzel in seiner Praxis am Steintor. Ich erzählte ihm von meiner Kifferei. Er fand es natürlich nicht gut und fragte, was ich daran noch finde und wozu ich es brauche. Ich meinte, dass ich damit entspannen könne und very kreativ sei, dass ich es aber sehr reflektiert betreibe, damit es mir nicht aus den Händen gleitet – außerdem schütze mich das vor härteren Sachen. Ein Jahr später erzählte ich ihm auch von meinen LSD- und Pilzabfahrten, ich wollte ihn nicht belügen. Außerdem verschaffte ich mir damit auch selbst Sicherheit, falls ich nämlich echt mal durchknallte, worauf ich es zeitweise auch anlegte, wusste er wenigstens, warum.

Mama schrieb mir das erste Mal richtig offen; ich hatte sie wohl vor den Kopf gestoßen, als sie mich in einem schlechten Moment am Telefon erwischt hatte: »Heut nachdem ich mit dir telefoniert hatte, war ich erst enttäuscht. O.K., du lebst dein eigenes Leben, aber als du mit so komischen Sachen kamst, dass du vom 5. auf den 6.12. woanders schläfst und ich deswegen bei dir nicht schlafen kann, das kam echt hart für mich. Ich glaube, dass bei dir auch noch andere Gründe da sind. Wie siehst du mich eigentlich? Bin ich für dich eine alte, abgefuckte Fixerin? Du sollst auch nichts nur mir zum Gefallen machen. Wenn dir das alles mit mir zu viel ist, dann sag es mir; ich will nur, dass du ehrlich zu mir bist. Kann sein, dass dich diese Zeilen nerven, aber ich musste dir das schreiben. Du weißt auch, dass ich mich um einiges verändert habe. Ich will mich auch nicht in dein Leben einmischen, auch ich lebe mein eigenes Leben.«

Ich wollte nicht, dass sie bei mir schläft, weil ich sie nicht mit meiner Bong in Versuchung führen wollte; ich hatte gedacht, sie sei cleaner als ich. Ich erinnere mich nicht mehr, ob sie mich besucht hat.

Ich hatte in diesen Tagen andere Sorgen, nahm allein meine magischen Substanzen und machte mir Gedanken: »Es gefällt mir mal wieder viel zu gut! Stille, dunkle Tage. Verknöcherte, nackte Bäume draußen. Dunkles Kerzenlicht und eine Fledermaus, die niemals reinkommt. Meine Hallus verstärken sich schon wieder – manchmal ist es so seltsam, dass ich mir nicht sicher bin, ob ich was geklinkt habe oder nicht. Aber ich hab mich ja noch nie abgesichert! Den Nebel in meinem Kopf hab ich selbst gemacht – er frisst die schwarzen Schatten meiner Gedanken. Gedanken aus meiner eigenen Welt – ich bin nicht manipuliert, nicht durch Menschen – und durch irgendwelche Mächte doch auch nicht? Beim Spiegelspiel hatte eindeutig ich die roten Augen! Ich bin mir sicher, dass ich stärker bin als der hinter dem Spiegel.«

Tja, wie man sieht, hatte ich mich mit mir und meinem selbst auferlegten Irrsinn ganz gut arrangiert. Ich streunte nachts durch meine Wohnung und dekorierte alles zu – bis aus meiner Bude ein Sammelsurium aus Horrorbildern, Plastikskeletten und schönen Bildern wurde. Mein Bett hängte ich mit schwarzen Tüchern zu und klebte Leuchtsterne rein, alles war sehr bunt und überladen.

Ich traf Jagger bei unserem gemeinsamen Haschdealer, er war rückfällig geworden, aber noch nicht wieder ganz dabei. Ich lud ihn zu mir ein und lieh ihm ein paar Platten. Er hatte noch einen Kumpel im Schlepptau, der auf meinem Klo verschwand. Als sie weg waren, fehlte leider mein Portemonnaie. Ich rief direkt bei seiner Ma an und stellte ihn zur Rede, er stritt alles ab.

Auf meinem Klo war ein kleiner Blutfleck – in mir riss ein Faden: Ich holte rote Farbe und spritzte mein ganzes Bad damit voll. Wenn Besuch kam, sagte ich immer: »Und hier ist mein Blutbad!«, und nannte es dann Kunst.

Jagger verlor ich dann aus den Augen.

Hey, Sandmann, streu mir Pulver ins Hirn

Mama schrieb, dass sie sich oft Sorgen um mich mache, »aber welche Mutter macht sich keine Sorgen um ihr Kind – ›Mutter‹ hört sich komisch an, aber du weißt ja, wie ich es meine«. Im nächsten Brief berichtete sie, dass sie ihre Gedanken jetzt an Udo verschwendet und ihn für fünf Tage in Saarbrücken besucht. Udo war nur anderthalb Jahre älter als ich.

In ihrem nächsten Brief hieß es: »Ich sitze hier und frag mich, ob das alles O.K. ist, was ich so mache. Mir kommen oft Zweifel. Ich denke mir, dass ich es wohl packe, aber wofür oder für wen? Es geht mir gesundheitlich voll gut, auch so bin ich clean gut drauf. Ich fühl mich nur allein. Du kennst das bestimmt auch. Als ich bei Udo war, hatte ich das Gefühl: Da ist einer, der mag mich so, wie ich bin. Wenn ich mit dir telefoniere, denk ich, du hast irgendwas. Du klingst oft so komisch. Ich versuche Freitag eine Mitfahrgelegenheit nach Hannover zu kriegen.«

Es war passenderweise Freitag, der 13. März. Sie wollte sich mittags melden, um meinen Schlüssel zu kriegen. Ich war bei meinem Freund Olli und wartete; um neun Uhr abends rief sie endlich an – dicht. Wir trafen uns an der Haltestelle Lister Platz. Als ich die Stufen zur U-Bahn runterging, sah ich sie da schon hängen: in der altvertrauten Fragezeichenhaltung!

Am liebsten hätte ich mich wieder umgedreht. Ich rüttelte an ihr, und sie kam etwas zu sich. Sie meinte, dass sie Erle getroffen habe, und dann sei es über sie gekommen.

Ich setzte sie in die Bahn und ging wieder zu Olli. Dort wollte ich noch nicht mal kiffen, ich wollte alles ganz genau spüren – ich war so hassig! Am nächsten Morgen fuhr ich mit einem schweren Gefühl in meine Wohnung. Mama lag in meinem Bett, ein Eimer neben ihr, das Gift war ihr wohl schlecht bekommen. Betrübt sah sie mich an, ich gab ihr einen Kuss und machte Kaffee. Ich hatte die Hoffnung, dass sie nun die Finger davon ließ, weil es ihr so mies ging. Aber da hatte ich mich mal wieder getäuscht.

Wir fuhren an diesem Tag zu Tini, danach gammelten wir rum. Ich spürte, dass ich mich abgenabelt hatte, meine Sehnsucht nach ihr war mir irgendwie abhanden gekommen. Ich sah sie nicht als Mutter – danach fühlte es sich eher aus der Ferne an –, sondern als vertraute Freundin. Mit Papa war es ähnlich, ich nannte ihn zwar so … Zu ihm fuhren wir am nächsten Tag. Ich trank eine halbe Flasche Wodka mit ihm, und als er uns zur Bahn brachte, fiel er die ganze Zeit aus heiterem Himmel hin! Wir lachten natürlich, auch wenn ich erschrocken war. Papa kam ein paar Tage später ins Krankenhaus, weil er zwei epileptische Anfälle hatte und nur noch Mist redete.

Ich bekam einen Brief von Dietrich: »Ich hab mich sehr gefreut, dich heute getroffen zu haben! Ich finde es immer wieder toll, was du dir trotz allem Chaos in deinem Leben für gute Haltungen zugelegt hast. Ich finde deine Klarheit und deine Art, dich durchs Leben zu schlagen, gut. Setze es nicht durch irgendwelche Drogenexperimente aufs Spiel. Denk dran, es gibt einige Leute, die traurig wären, wenn was schief geht.«

Mama rief an und sagte, dass sie rausgeflogen sei. Sie zog zu Udo nach Saarbrücken, und ich sah sie bis zu ihrem Tod nicht mehr oft.

Der absolute Brainstorm

Am 9. Juli schrieb ich nach einer Nacht allein auf LSD mit viel Roky Erickson in den Boxen: »I think of demons – Die Dämonen, die mich treiben, zu tun, was ich tue. And the two-headed Dog/God – der eine meint: ist O.K. – der andere immer das Gegenteil … Die guten und bösen Dämonen des Himmels, des Universums in uns, um uns, über uns. Der fleischliche Körper hält uns nur so lange fest, bis wir wieder bereit sind zu fliegen. Da, wo wir herkommen, wo wir hingehen, wo alles – immer – unendlich – weitergeht. Diese bunte, warme Zufriedenheit wird uns wieder einsaugen, so wie sie uns auch ausgespuckt hat. Zeit ist nichts – nur ein Zeiger auf Milliarden Uhren, nach denen sich alle richten müssen. Zeit vergeht mit der Reise der Sonne – vergeht im Tanz ums Universum. Die Zeit hat das Brot hart gemacht, das vor nicht langer Zeit noch frisch war. Zeit saugt die Jahre auf. Die Gegenwart ist nur ein Blitz – dann ist sie schon wieder Vergangenheit, jede Sekunde eine neue und ein Stück mehr. Das ganze Leben blitzen wir uns durch die Zeit und irgendwann explodieren wir alle aus unseren irdischen Körpern und werden wieder eins mit dem Universum – nach der Lebensprobe. STAND FOR THE FIRE DEMON! In der Zeit sehen wir keine Zeit, weil wir alle absolut zeitlos sind. Am Wichtigsten sind die Jahre, die durch uns fließen. Die eigene Lebenszeit, in der wir aufnehmen, verarbeiten, wahrnehmen – mehr an Weisheit gewinnen. Die Lebenszeit, die uns darauf vorbereitet, ins Zeitlose überzugehen. Deswegen das ganze Leben überstehen, voll und ganz. Weitsicht kann schmerzen, weil wir noch hier sind. Im wirklichen Leben. Das wir JETZT leben. Im Schmerz tropft die Zeit nur.

Bin gefangen im Leben, gefangen im kosmischen Witz, gefangen in falschen Gesetzen von den falschen Leuten. Die Primitiven sind zu viele und haben sich Dinge ausgedacht, die die anderen nur zu gern befolgen. So viele kranke Seelen – getrieben, sich selbst zu töten. Vielleicht werden manche in die Selbsttötung getrieben, damit sie mal wieder aufwachen! Achtmal hab ich's versucht, aber es hat mich immer wieder ins Leben gekickt – der Tod ist gerecht, er wird dich dann rufen, wenn du zu kommen hast. Und immer wieder die Gedanken an die Nichtexistenz – die Existenz im Nichts? Im Licht! Ich hab's gesehen – es hat mich weggestoßen, wollte mich noch nicht wieder einsaugen. Den Tod können wir nicht besiegen, er wird uns kriegen, egal, was wir gerade machen. Hast du auch alles gegeben? Nix vergessen? Alles probiert? I'm my own Lord.«

Ich traf mich mit Olaf und Drew in Amsterdam. Ich war mit den beiden Toms und ohne einen Pfennig in der Tasche hingefahren. Ich wollte eh nichts essen außer LSD. Erst nahm ich einen Mirakulix, kurze Zeit später, als wir durch die Straßen im Rotlichtviertel schlenderten, klingte ich noch einen Ying und Yang nach – und das war ein echter Hammer! Ich kam gar nicht mehr klar – aber alles ganz still. Ich antwortete auch nicht mehr, hatte keine Meinung. Wir landeten gegen Abend auf dem Zeltplatz; dort starrte ich in den schwarzen Himmel, und mir war, als würde meine Seele durch die Augen gezogen und da oben verschwinden. Ich setzte mich ins

Auto und machte die Butthole Surfers an. Tom oder Olaf fragten immer mal nach, ich konnte sie nur ansehen, mit angewinkelten Beinen, ich hatte keine Worte für das, was gerade mit mir geschah. Am nächsten Morgen gab Tom mir das Buch »Eine Zeit in der Hölle« von Arthur Rimbaud. Ich las es auf der Rückfahrt und dachte immer nur: »Woher weiß der, was ich durchgemacht habe?«

Im Oktober schrieb Mama, dass sie einen Schwerbehindertenausweis bekommt und sich schon auf die Vergünstigungen freut. Gesundheitlich war sie im Arsch. Sie hatte eine Lungenentzündung, die aber noch mit Tabletten behandelt werden konnte; bei einer Ultraschalluntersuchung hatte man festgestellt, dass ihre Leber stark vergrößert war und man aus ihrer Galle hätte fünf machen können. Die Blutwerte waren schlecht, und sie bekam oft Fieberschübe.

Im Dezember kam sie mich mit Udo besuchen. Sie schliefen nicht bei mir, sondern bei Marius im Wohnheim. Hinterher stellte Marius fest, dass sie ihn beklaut hatten, es fehlten unter anderem Boxenkabel, Kopfhörer und eine Knarre. Ich stellte Mama telefonisch zur Rede; sie stritt alles ab. Die nächsten fünf Monate meldete ich mich nicht mehr bei ihr.

6. November: »Es ist mir egal, ob ich hier allein rumhänge. Interessiert eh keinen. Es ist mir egal, ob ich lebe. Es ist mir egal, ob ich mich immer weiter entferne vom Leben. Mir ist auch das Heroin egal, sowieso. Und das lächerliche, lügende weiße Pulver schwirrt durchsichtig um mein Hirn, versucht mich zu verführen. Wo hab ich meinen Sinn verloren? Meine eigene Energie krampft sich in mir zusammen, macht mich bewegungsunfähig. Immerhin bin ich immer echt ich. Mit der Zeit werde ich zu kalt. Aber so verhärtet durch die Gegend zu laufen, kann auch richtig Spaß machen – nichts tut richtig weh! Was kann man gegen den mächtigen Kokadämon machen? Dieses ›erhabene‹ Gefühl, wenn man es intus hat – ich kenne es noch ganz genau. Fühl mich jetzt erhabe-

ner, wenn ich's nicht mache, obwohl es mir doch in den Armen juckt, für einen Moment. Aber Koks ist nicht mein Thema, es ist mir egal. Wenn ich will – was ich nicht will –, dann mach ich das, egal. No feelings for nothing no more? Die ganze Welt ist so. Ich hasse mich, dich, alle, die ganze Welt, schon immer. Reiner Hass. Reines Feeling. Interessiert eh keinen.«

Ich wundere mich heute fast, dass ich damals nicht rückfällig wurde. Das LSD verdunkelte immer mehr meine Gedanken, obwohl ich damals die Klarheit, die ich dadurch zu bekommen glaubte, sehr genoss. Ich wurde immer misstrauischer und eigenbrötlerischer, war tagelang nur in der Wohnung.

»Ich würde jetzt gern schlafen, aber mein Herz rast so schnell. Hallo, Seele, hast dich zusammengezogen. Ich warte nur noch, dass die Zeit vergeht … Irgendein Affe sitzt mir auf den Schultern und kneift. Oder ein Dämon. Affe ist schon tot – getötet vom LSDämon. Dieses Zeug tut mir nicht mehr gut. Mein Geist krümmt sich, und meine Seele zerfrisst sich. Vielleicht sollte ich 'n bisschen Therapie machen – vielleicht sollte ich nächstes Jahr wieder anfangen zu ballern. Vielleicht sollte ich aufhören zu existieren, weil leben … weiß ich nicht mehr. Sie geht den Bach runter, ich will vorher weg.« Da saß ich nun mit meinen vielen Abfahrten und suhlte mich in schwarzen Gedanken.

»Das Leben zieht dahin mit Musik, an der man sich festhalten kann, und Konzerten, bei denen man wieder merkt, dass man lebt, und andere auch. Ansonsten hat man sich kaum was zu sagen. Aussaugen und aussaugen lassen, was sonst? Blutstürme rauschen, hinterlassen Spuren von Bitterkeit und Leere – ist es wirklich wahr, dass alle so verstört sind?«

»… zersetzt sich im Magen, kriecht ins Hirn, rauscht durch den Blutstrom, strömt durch den Blutrausch, macht Pupillen groß und schwarz und betäubt Feelings, die nur noch erahnt werden können. Sieben geöffnete Chakren – LSD an der Herzkruste. Pass auf, dass nichts abbröckelt, kommt bitteres Blut raus, aber ist ja alles hart! Warum so viel Kampf? Geht's ums Überleben oder Selbstbehauptung? Ich brauch neues Spielzeug. Neue dreckige Spiele. Was ist dirty? Menschen, die Feelings von anderen ausnutzen. Ich bin also auch ein dreckiger, schlechter Mensch.«

Weihnachten 1992 war ich in der Glocksee, betrank mich und nahm Pilze: »Auf den irdischen Feldern, fest umschlungen vom eigenen Körper, wandelnd im lebendigen Tod. In tödlichen Lebensweisen. Wo kann man sich hinbringen mit diesen Gedanken, die so richtig sind wie falsch? In eine Höhle in den Bergen, wo ich mich beenden kann.«

Von Silvester ist mir nur noch ein Text geblieben: »Auf dem Weg durch die gedächtnislosen Weiten der Löcher in meinem Hirn. Auf den Spuren der vergessenen Stunden – kein Zurück mehr ins Erinnern, nur ein Flimmern, dass da was war. Selbstzerstörungsexzesse wiederholen sich. Heimlich oder nicht. Gerechtfertigt durch die Sicht der Weisen hinter unseren Augen.«

Das Ende der LSD-Illusion

Irgendwann nahm ich an einem Tag sieben Mirakulix, eigentlich recht starke Teile, aber wenn man's gewöhnt ist … Es war bei Olaf zu Hause in Misburg, seine Eltern waren nicht da. Um mich herum drehten fast alle am Rad. Matti wollte in der Wanne sterben wie Jim Morrison, er hatte Herzschmerzen; später stellte sich heraus, dass sich bei ihm ein Muskel verklemmt hatte. Natascha hatte Paranoia, dass ihr Exfreund sie hier findet; Olaf war darauf bedacht, dass nichts kaputtging, wie anstrengend auf Trip! Ich machte die Ceran-Herdplatten an und war fasziniert von der Spirale, fragte, ob das ein mystisches Zeichen sei. Olaf kam angerannt und drehte sie ab. Wir hatten auch schon Ideen für die Mikrowelle, wie man was zerplatzen lassen kann, er verbot es uns zum Glück. Die anderen zogen sich ins biedere Wohnzimmer zurück und sahen »2001 – Odysee im Weltraum«, ich saß in der Küche und langweilte mich mit meinen sieben Trips im Kopf, wartete, dass irgendwer wieder Auto fahren und mich nach Hause bringen konnte, aber der Film war so endlos lang; es wurde schon wieder hell. Irgendwann war ich endlich der biederen Hölle entkommen und sah endlich ein, dass der LSD-Konsum mir nichts mehr bringt. Ich wollte ein paar Tage oder Wochen oder Monate Pause machen, damit es mal wieder wirkt.

Ich fing an, eine behinderte Frau zu betreuen. Sie konnte sich seit ihrer Geburt nicht bewegen und nicht richtig sprechen. Es war in Wettbergen, eine Stunde mit dem Fahrrad. Ich arbeitete dort jede zweite Woche, dafür jeden Tag, auch an Wochenenden und Feiertagen von neun Uhr morgens bis zehn Uhr abends. Danach fuhr ich meist in die Glocksee.

Am ersten Tag verstand ich nicht, was die Frau mir sagen wollte, aber plötzlich, als ich mich auf sie einließ, machte es klick, und ich verstand sie irgendwie telepathisch. Meistens wollte sie die schlechten Serien am Mittag gucken. Ich schob sie vor den Fernseher und machte die Wohnung sauber, was kaum Mühe machte; so hatte ich viel Zeit zum Lesen meiner indianischen Bücher vom Medizinrad und von Schamanen. Hin und wieder fuhr ich mit ihr zur Krankengymnastik oder zu ihren spießigen Eltern, zu Kaffee und Kuchen. Manchmal hätte ich sie am liebsten alle geschockt und gesagt, dass sie alle voll falsch seien und dass mir ihr Vater wie ein Freier vorkomme. Aber ich hielt mein Maul und beobachtete sie nur in ihrer komischen Welt.

 Drei Monate, in denen ich viel las, ging es gut, dann

träumte ich von der behinderten Frau und hörte da auf. »Die Alten, die Verbitterten, die Deprimierten, die Verkrüppelten, die Vergessenen, die, die zurückblieben, die noch ausharren müssen – einbeinig und brustamputiert, blind, unbeweglich und hilflos. Vom Leben wie vom Tod abgestoßen.«

Im Mai 1993 meldete sich Mama per Brief, und ich schrieb ihr zum ersten Mal nach fünf Monaten: »Ich würde gern wissen, ob du dir das Teil aus dem letzten Jahr nochmal durch den Kopf hast gehen lassen. Der Grund, warum ich mich jetzt so ungern melde. Und dass du es auch noch abstreitest, finde ich ganz schön hohl. Mich macht das voll brastig, weil ich mit Junk nix mehr zu tun habe, und dann auch noch von diesem Volk abgezogen werde! Oder besser gesagt, meine Freunde, vor denen ich mich erst mal ganz schön schämen musste. Obwohl es mir eigentlich hätte klar sein sollen, dass ihr da was mitnehmt. Die Leute hier haben auch nicht mehr Geld als ihr, sie brauchen es nur nicht für Kinderkacke-Shore! O.K., genug gewütet, es bringt ja eh nix – wollte es dir nur nochmal schreiben, weil du am Telefon abblocken würdest. Papa ist seit Montag für sechs Wochen im Entzug. Ohne deine Scheiße habe ich dich immer noch lieb.«

Have you seen your mother, baby, standing in the shadow?

Mama und Udo bekamen inzwischen Methadon, und im Juli 1993 heirateten sie. Drei Wochen später gingen sie auf den Sonnenberg zum Entzug. Mama wurde bald wieder entlassen. Ende September schrieb sie mir, dass sie einen Fehler gemacht habe, so schnell wieder vom Metha runterzuwollen.

Sie war einfach nicht mehr zum Arzt gegangen und hatte sich dann wieder was reingeballert. Daraufhin nahm sie wieder Remmies, damit sie überhaupt gehen konnte. Sie hatte sich auch schon wieder auf dem Sonnenberg angemeldet. Sie sei stolz, dass ich es so gepackt hätte, und meinte, dass das wohl was mit dem Alter zu tun habe, weil ich ja noch eine schöne Zukunft vor mir hätte, aber sie? Vielleicht noch zwei Jahre, dann sei Ende. Manchmal wünschte sie sich, dass es bald so weit sei, jeder Tag sei ein Kampf für sie.

»Wenn es so weit ist, ruft dich Udo an, ich muss noch alles beglaubigen lassen, auch dass Yvonne bei den Pflegeeltern bleiben kann; besser könnte es ihr gar nicht gehen. Ich wünschte, auch du hättest so eine Kindheit gehabt. Ich gebe zu, dass ich dich auf der Suche nach Geborgenheit in jeder Beziehung vernachlässigt habe. Eine Entschuldigung gibt es dafür nicht, ich habe dir so viel verbaut. Das macht mich traurig, und wenn ich so an damals denke, habe ich Schuldgefühle dir gegenüber. Ich hätte dir diesen Brief gar nicht geschrieben, aber ich weiß, dass du stark bist. Sei nicht allzu traurig, ich pack das schon, dieser Brief hat mir auch schon wieder geholfen. Ich vermisse dich.«

Außerdem teilte sie mir mit, dass sie jetzt so einen komischen Saft bekomme, von dem müsse sie morgens und abends je eine Kappe nehmen; falls sie mehr nehme, sei sie den ganzen Tag dicht. Der Saft nehme ihr die Schussgeilheit und mache sie wieder fit, sie könne sogar wieder essen. Außerdem sei da auch nicht so eine Leere in ihr wie vom Methadon.

Ich las es mit gemischten Gefühlen und schrieb zurück: »Dein Brief hat mich ziemlich traurig und nachdenklich gemacht – mal wieder. Das Nervigste daran ist, dass du so weit weg wohnst. Wenn das mit dem Codeinsaft O.K. ist, finde ich es gut. Sonst macht dein Körper vielleicht noch eher schlapp, bei den ganzen Gewöhnungen an und Entwöhnungen von diesem und jenem. Und anscheinend kannst du nur noch mit Drogen existieren – das mach ich dir nicht zum Vorwurf, das ist mir schon länger klar. Ich finde nicht, dass ich eine schlechte Kindheit hatte. Sie hat mich alles Schlechte gelehrt, sodass ich jetzt mit 22 weiter bin als andere. Das Einzige, was mir immer Angst gemacht hat, waren die Ausraster von Zappel oder Bulle. Bei Papa hab ich das ja nicht so mitgekriegt. Vor den Drogen selbst, oder dass du dabei draufgehst, hatte ich keine Angst, das kam erst später. Oder immer in den exzessiven Zeiten. Ach, nun ja. Du hast mich schon ziemlich viel über die unersättliche menschliche Natur gelehrt, auch wenn dir das alles wie Scheiße vorkommt. Aber ich selbst habe meine Kindheit und Jugend nicht schlecht in Erinnerung. Ich wusste, dass das alles so sein muss, dass ich mir das ganze Leben selbst ausgesucht habe. Also, noch bevor ich von dir geboren wurde! Vielleicht hältst du das alles für Spinnerei – aber es gibt keinen endgültigen Tod, nur das Überwechseln in eine andere Ebene oder so.«

Ich wollte ihr Mut machen mit meinen Theorien über Leben und Tod – damit setzte ich mich ja auch schon seit Jahren auseinander. Und eine neue Angst machte sich breit: dass sie mir dahinten wegstirbt und ich nicht dabei bin.

In ihrem nächsten Brief las ich, dass es sie wieder voll erwischt hatte. Sie hatte Schmerzen unter der linken Brust; die Narben ihrer sechs Lungenentzündungen hatten sich entzündet. Ihre aktuellen Werte: Helferzellen 24 Prozent – Killerzellen 6 Prozent. Sie verkaufte wieder Rohypnol und hielt sich damit über Wasser, wie sie schrieb. »Irgendwie bewundere ich es, wie du mit dem Tod umgehst. Habe mich damit auch schon auseinander gesetzt. Ich will in Hannover beerdigt werden, weil ich weiß, dass du mein Grab pflegen wirst. Vor dem Tod habe ich keine Angst, nur vor dem Wie und Wo. Wenn es so weit ist, sagt dir Udo Bescheid. Ich will zu Hause sterben, und dass ihr dabei seid. Sonst keiner!«

Ich hatte Lust, sie zu sehen, und schrieb ihr: »Ich passe gerade auf die Wohnung meiner Freundin Rolo in der Limmerstraße auf. Es ist das älteste Haus in Linden und voll die Bruchbude: keine Klingel, keine Dusche, kein heißes Wasser. Aber sonst ganz mein Stil. Am 3. Dezember will ich zu Papa und könnte am 5. bei dir sein. Ich bring dir auch interessante Lektüre über das Leben danach mit.« Vielleicht hat sie sich beim Lesen einen Druck gemacht, denn als ich den Brief nach ihrem Tod abholte, war er mit Blut befleckt.

Sie antwortete, ich bräuchte kein Geld fürs Essen mitbringen, nur das Dope sei da etwas teuer. Ansonsten sollte ich meinen roten Tigerlackmantel zu Hause lassen, die Leute seien da etwas komisch. Sie wollte mit mir nach Frankreich rüberfahren und hatte sogar schon eine »Fremdenführerin« namens Florence engagiert.

In Saarbrücken holte sie mich vom Bahnhof ab. Sie wohnte mit Udo in einer Einzimmerwohnung, sie war eingerichtet, wie ich es von ihr kannte: Überall waren kleine Dinge verstreut, zusammengeklaut in den Läden der Stadt. Sie gab sich voll Mühe, kochte erst mal was, und wir sahen fern. An der Saar waren wir auch noch kurz, damit sie mir Hasch kaufen konnte.

Irgendwie war sie wieder genauso wie vor meiner Verhaftung, hatte diese Shore-Persönlichkeit wieder voll angenommen. Ich versuchte darüber hinwegzusehen, aber am nächsten Tag schlug meine Stimmung um. Als wir rausgingen, weil sie zu einem ihrer Ärzte wollte, knickte sie plötzlich in den Knien ein und fiel hin. Ich half ihr hoch. Sie lachte nur und meinte, das passiere ihr in letzter Zeit immer öfter, manchmal komme sie gar nicht mehr von alleine hoch.

Ein paar Meter weiter wollte sie plötzlich über eine stark befahrene Straße, sie griff meinen Arm und zog daran. Ich riss mich los und sah sie erstaunt an.

Sie fragte: »Da hast du jetzt Angst, oder was?«

»Na klar – außerdem ist da vorne gleich 'ne Ampel!«

Sie lief voraus, ich hetzte hinter ihr her.

Nachdem sie ihr Pillenrezept vom Doc hatte, gingen wir zum Junkie-Treffpunkt – da gab es für wenig Kohle Kaffee, Kuchen oder Mittagessen, nebenbei konnte man seine Spritzen tauschen. Und natürlich kannte sie auch hier wieder die Kaputtesten der Kaputten! Ich hatte ein anderes Bild von ihr, dachte, sie hätte noch ein bisschen von der Therapie mitgenommen.

Udo war auch jenseits von gut und böse. Gesagt hatte er noch nie viel, aber langsam ging er mir auf die Nerven, auch seine kleinen Pupillen. Ich dampfte mich zu und dachte nur noch an die Heimfahrt. Von ihrer Florence war auch keine Rede mehr. Abends hing Mama genauso dicht auf dem Sessel wie früher. Ständig fragte sie mich was oder erzählte alles dreimal; auch vom Klo aus rief sie immer mal was, so, als ob sie es nicht ertragen konnte zu schweigen oder die ganze Situation vertuschen wollte. Ich bekam plötzlich Blutungen, obwohl ich überhaupt nicht dran sein konnte.

Vor meiner Abreise gingen wir am nächsten Tag in eine ihrer Stammkneipen, wo sie geklaute Sachen loswerden konnte. Wir wollten noch einen Kaffee trinken. Sie verschwand für eine Viertelstunde auf dem Klo, und als sie wiederkam, schaffte sie es gerade noch, sich an die Theke zu setzen. Dann nickte sie auch schon ab. Der Wirt schüttelte sie leicht und meinte, so habe er sie in letzter Zeit öfter gesehen. Ich hatte genug und bat den Wirt, mir ein Taxi zu rufen. Das brachte Mama dazu, sich kurzzeitig aufzurichten. Sie sah mich so hackebreit an, dass mir schlecht wurde, und sank wieder hin. Als das Taxi kam, ging ich raus, ohne mich von ihr zu verabschieden. Der Wirt hat sie wohl geweckt, denn sie kam hinter mir hergestolpert. Ich hatte die Tür schon zu und kurbelte das Fenster runter. Sie sagte, es tue ihr Leid, ich winkte ab und sagte tschüss. Dann fuhr der Wagen los, und meine Augen standen unter Wasser.

Weihnachten drehte ich dann ab, es war morgens nach der Glocksee. Ich wütete in meiner Wohnung rum, wie ich es von Zappel kannte, und schrie mir die Seele aus dem Leib – ich beschimpfte Mama auf das Übelste und verfluchte sie für meine Lebensunfähigkeit, an der ich ihr die Schuld gab. Die Nachbarn müssen jedes Wort mitbekommen haben. Bis nach Silvester war ich völlig heiser, an dem Tag selbst brachte ich keinen Ton mehr raus. Wenn jemand anrief, legte er wieder auf, weil er nichts von mir hörte.

1994

Ich schrieb Mama erst Ende Januar, sie hatte sich auch nicht mehr gemeldet. »Ich weiß wahrscheinlich genauso wenig wie du, was ich schreiben soll. Bei mir ist alles beim Alten. Ach ja, ich habe einen Vertrag unterschrieben, dass ich ab Juni 'ne eigene Wohnung in der Nordstadt mitbaue. Eintausend Arbeitsstunden muss ich ableisten, dann hab ich 'ne Wohnung auf Lebenszeit. Wie geht es dir? Als ich weggefahren bin, war alles scheiße. Mir tat es bei dir von Anfang bis Ende weh, und dass ich plötzlich Blutungen bekam, war auch ein Zeichen; hatte mir immer eingeredet, dass ich nix fühle. Und erst zum Schluss wurden die Schleusen geöffnet, im Taxi, im Zug. Ja, und zur Nacht auf den 25. Dezember, morgens um acht, als ich nach Hause kam, bin ich dann ausgerastet. Nicht nur wegen unserer Situation, auch andere Sachen kamen mir hoch. Als ich nachmittags aufwachte, war der Totenkopf, den du mir in Hohehorst geschenkt hast, zerbrochen – wahrscheinlich, weil ich so geschrien und geflucht habe. Ich wollte dir das mal schreiben, weil ich immer noch nicht so gut drauf bin. Ich hoffe allerdings wirklich, dass es dir einigermaßen geht. Du weißt ja, dass ich dich trotzdem liebe. 10000 Küsse von deiner brutalen Tochter.«

In diesem Jahr wohnte ich oft für ein paar Wochen bei meiner Freundin auf der Limmer, sie war unterwegs in Mexiko. Ich gewöhnte mir an, Kümmerlinge zu trinken, schon vormittags fing ich an, meistens mit meinem guten Freund Heini, es war eine Art Sport geworden.

»Es sterben immer mehr Leute an Scheiße, ich lasse ihnen den Vortritt. Wir werden alle schon früh genug abgehen. Meine Mama stirbt gerade an Aids, und ich will nicht ständig wen abhaken. Ich find es scheiße, dass alle sich unterkriegen lassen von dieser Droge. Kiffen ist doch ausreichend – natürlich braucht man noch ein paar Leute, die fit sind und zu Freunden werden können. Das hat sich bei mir gut entwickelt, es hat gedauert und war oft mit Frust verbunden. Frust über die eigene Unfähigkeit, aus sich rauszukommen, auf Leute zuzugehen. Unsicherheit wird oft als Arroganz gesehen. Seltsam, dabei haben alle das Gleiche vor. Ich selbst bin ja nicht so herzlich, und genau das bekomme ich auch zurück. Ich will auf niemanden mehr warten in meinem großen inneren Garten – voll erblühter bunter Blumen, die nur darauf warten, bemerkt, beachtet und begossen zu werden. Es macht auch nichts, wenn die jetzigen wieder verwelken, es werden neue kommen. Nur wenn sie zertrampelt werden – das dauert, bis auf diesem Misthaufen wieder die bunten Blumen der Verliebtheit blühen. Ich sollte wohl beim Träumen bleiben, das darf ich.«

Was Mama in dieser Zeit so trieb, weiß ich nicht; es gab nicht mehr viele Briefe. Ich glaube, wir telefonierten miteinander. Ich wohnte öfter bei meiner Freundin als bei mir zu Hause. Sie hatte viele esoterische Bücher, vom Mond bis zur Magie, ich zog mir alles rein. Die kleine Wohnung war am Tage gemütlich und nachts unheimlich. In das Haus, in dem viele Schwarze wohnten, kam man nur durch den Gemüseladen; unter mir lebte ein Punkerpärchen, das ich noch von früher kannte. In die Wohnung konnte man leicht eindringen, zum Beispiel im Bad, wo eine Scheibe halb rausgebrochen war und jeder locker übers Dach hineinkam. Vom Treppenhaus aus konnte man über den Dachboden durch die morsche Decke kommen. Und es gab Kakerlaken. Wenn ich rausging, ließ ich das Licht an, damit sie ja wegblieben.

Traumsequenz vom 17. August: »Bin allein mit dem Rad auf einem Landweg – und sehe Keith Richards auf einem schwarzen Rad mit rotem Lenker, er grinst vor sich hin. Ron Wood holt ihn ein, und sie bleiben auf der Straße stehen. Ich gucke ihnen zu und denke, dass ich mein Rad ja schon lange mal anmalen wollte. Bin zu schüchtern, um sie anzusprechen.«

Das Jahr verging, und ich passte wieder auf die Bude meiner Freundin auf, sie war in die Nordstadt gezogen, in die Heisenstraße, in eines der »Punker«-Häuser, das Ende 1995 unter großem Aufwand von der Stadt abgerissen wurde.

Am 2. November – fünf Jahre nach meinem Therapieanfang – machte ich mir wieder verstärkt Gedanken über meinen Konsum: »Die Bong hab ich hintern Spiegel gestellt, rauche gerade einen Grasstick. Die Fixierung auf die Bong kann nicht in dem Moment zu Ende sein, wo das Teil kaputtgeht (in stiller Erwartung der Abnahme von Verantwortung). Das Teil macht mich nicht glücklich, das hätte ich schon gemerkt! Es lässt mich nur extrem ruhig sein und meine versteckten Gefühle ertragen. Und ich kann mir auch nicht mehr einreden, dass ich es sein lasse, wenn ich mich verliebe. Ich muss es sein lassen, um mich überhaupt verlieben zu können! Habe festgestellt, dass ich die meisten Nachtträume hatte, als ich die 111 Tage keine Bong geraucht habe. Und seitdem ich wieder angefangen habe, hatte ich keine Träume mehr – das gibt mir zu denken.«

Exploding Cinema

An meinem 23. Geburtstag hatte ich in meiner Wohnung einen Film gedreht; ich feierte mit ca. 30 Leuten rein, es war meine erste richtige Party. Das Schneiden, bei dem mir ein Freund half, musste schnell gehen, denn ich wollte das Video am 12. November bei »Exploding Cinema« in der Glocksee zeigen. Der fertige Film hatte eine Länge von fast acht Minuten, ich nannte es eine Tatortbeschreibung mit Erinnerungs- und Zustandssequenzen, unterlegt mit Musik der God Bullies. In der Glocksee gab ich das Band ab, und mir wurde gesagt, dass es erst in vier Stunden gezeigt werden sollte, das killte meine Nervosität ein wenig. Als ich gerade mal wieder einen Kümmerling in mich schüttete, kam von der Bühne: »Und nun sehen Sie das Video von Silvana, bitte komm doch hoch!«

Hektisch drückte ich Heini das leere Fläschchen in die Hand und ging auf die Bühne. Ich stellte meinen Film vor und erwähnte, dass Charles Manson heute sechzig wird; der war nämlich auch auf dem Film zu sehen. »Aber ich bin keine Satanistin!«, sagte ich grinsend ins Publikum und trat ab, um mir meinen ersten Film auf einer Leinwand anzusehen.

Der Moderator sagte danach, er fände ihn gut, nur dass alle Welt immer Morrison benutzt, nerve ihn etwas. Morrison war nur dabei, weil er als Flagge in meiner Bude hängt und ich ihn dort eingefangen hatte. Außerdem ging es in meinem Film um Drogen (was sonst!?), da durfte er natürlich nicht fehlen.

Anfang Dezember besuchte Mama mich nochmal. Bei Plus, wo wir was einkaufen wollten, fing sie direkt an zu klauen, aber so dreist, dass es der Marktleiter, den ich fast jeden Tag sah, gleich bemerkte. Er sagte aber nichts. Ich sah ihn entschuldigend an, holte Mama den Schinken aus der Tasche und raunte ihr zu, dass sie das mal schön sein lassen soll. Schließlich wohnte ich hier, und man kannte sich!

Mama schlief bei mir; und nachts schaute ich nochmal nach ihr. Sie hing voll breit auf der Matratze im Durchgangszimmer, neben ihr qualmte es leicht – sie hatte mit ihrer Kippe einen Schwelbrand in der Matratze verursacht! Ich rüttelte sie wach und holte Wasser, schüttete es auf die Matratze. Erschrocken sah sie mich an. Ich flippte aus und machte sie voll an; es platzte nur so raus aus mir. Sie raffte es nur bis zu einem bestimmten Punkt, dann machte sie dicht. Ich wartete ab, bis sie zu Ende geraucht hatte, dann nahm ich ihr alles weg und legte mich hin, endlich konnte ich schlafen.

Am nächsten Tag fand Mama ihr Methadon nicht gleich im Kühlschrank und fragte mich panisch, ob ich mir das etwa reingetan hätte. Sie traute mir echt zu, dass mich diese Scheiße noch reizte! Ich wühlte im Kühlschrank rum und fand das Zeug – sie war erleichtert, ich genervt von ihr, diesem elendigen Suchthuhn! Ich war froh, als Mama wieder weg war.

1995

Wir hatten keine Ebene mehr, und es gab keine Briefe im Jahr 1995. Wir telefonierten, manchmal schlief sie dabei ein, und noch Stunden später war besetzt, wenn ich es nochmal versuchte.

Ich pendelte zwischen der Nordstadt und meiner Wohnung, entwarf ein Heft mit eigenen Texten und Zeichnungen, ließ hundert Stück drucken und verkaufte sie an Freunde und Bekannte. Dietrich kaufte mir zehn Exemplare ab. So hielt ich mich über Wasser. Nebenbei arbeitete ich an dem Wohnprojekt mit, stellte aber schnell fest, dass da nur Ex- und Noch-User mit einzogen. Ich ging nur noch sporadisch hin. Es war das Haus neben dem Junkiehaus in der Warstraße, in dem zu der Zeit auch Charlie wohnte, gegenüber dem früheren Drogenladen. Die letzte Aktion, die ich zum Hausbau beisteuerte, war, dass ich alle Kellertüren in meinem Stil bemalte, riesige bunte Bilder; dann verabschiedete ich mich.

In dieser Zeit schüttete ich mir immer noch Kümmerlinge rein, meistens nahm ich den Schäferhund meines Nachbarn mit und ging in den Welfengarten, vorher am Kiosk besorgte ich mir ein Harry und ein paar Kümmerlinge; ich sprach mit niemanden, hatte eine schwarze Sonnenbrille auf und war höchst unnahbar, ich trank allein in der Sonne, sah dem Hund zu, hing meinen Gedanken nach. Die Zeit der großen Depression war erst mal vorbei, sie war einer vorläufigen Abgeklärtheit gewichen. Einmal beim Kiosk merkte ich plötzlich, dass ich genauso eine Stimmlage hatte wie Mama, leise und aufgesetzt höflich. Ich hörte mich genauso an! Mir war unheimlich zumute, ich fragte mich in meiner wirren Birne, ob sie gerade in mich gefahren war.

Anfang März kam Mama noch einmal nach Hannover. Sie fragte, ob sie bei mir pennen könnte, ich sagte Nein. Sie schlief drei Nächte bei Charlie, und ich sah sie erst am Tag ihrer Abreise. Ich hatte jeden Tag daran gedacht, sie zu treffen, aber irgendwas hielt mich davon ab. Sie hatte mich gefragt, ob ich für einen ZDF-Beitrag mit ihr vor die Kamera gehen wollte, das hatte ich auch abgelehnt. Ich hatte eine Phase erreicht, wo ich mich für sie schämte, ich wollte nicht mit ihr gesehen werden. Als ich sie am letzten Tag bei Charlie besuchte, sah sie mich traurig an, kam mir aber nicht zu nahe. Ich verschwand nach kurzer Zeit. Charlie wollte sie zum Bahnhof bringen, das hielt ich auch nicht mehr für nötig.

»20:20 h – Ich hätte auch noch bleiben können; beim Abschied hatte ich plötzlich keine Hemmungen mehr, dich in Arm zu nehmen. Es bricht mir das Herz, wenn ich deinen ganzen Lebensschmerz fühle – und ich kann es fühlen und ich weiß, was du denkst, und es tut mir unendlich Leid, dass ich nicht immer gut über dich geredet habe und manchmal scheiße zu dir war. Und es gibt nix mehr zu ändern, nix mehr zu leben, miteinander. Und ich weiß, dass du noch Bock hast, was zu machen, und ich weiß, dass es besser ist, wenn du bald deinen dich quälenden Körper verlässt und vielleicht wiederkommst, vielleicht sogar aus mir, falls ich mal schwanger werde. Ich will das alles nicht mehr fühlen – ich liebe dich, und das ist das Schwierigste. – Als Charlie erzählte, dass sie auf dem Bahnhof voll fertig war, wegen mir, hätte ich heulen können. Sie hätte mir jederzeit ein Bett angeboten. Manchmal glaube ich, ich lebe auf ihre Kosten, hab bisher alles geschafft, was sie immer wollte und nie hatte, und nun hat sie keine Zeit mehr.«

Das war das letzte Mal, dass ich Mama sah.

Der Rest des Jahres war auch noch anstrengend; zu viel Alkohol, zu viel Kiffe und psychedelische Drogen, zwar nicht mehr so viel wie früher, aber es brachte mir trotzdem kaum noch Klarheit; ich fing an, mich selbst zu langweilen. Mit Mama telefonierte ich öfter, versuchte ihr zu erklären, warum ich so war. Sie verzieh mir natürlich, immerhin hatte sie mehr Dreck am Stecken. Ich war das erste Mal knallhart ihr gegenüber gewesen, in einer für sie verletzlichen Situation. Und das macht mich bis heute fertig.

Im entfernten Bekanntenkreis gab es Verhaftungen. Unter meinem Bett wurden 12 Kilo Hasch gefunden, davon hatte ich zum Glück keine Ahnung; ich wohnte in der Nordstadt und hatte meinen Schlüssel verliehen. Das glaubte mir natürlich erst mal keiner; die Bullentussi meinte gleich, als ich ins Revier kam: »Sie sind verhaftet!« Erschrocken sah ich meine alte Knastzelle vor mir aufblitzen. Während des Verhörs rief aber ein Anwalt an und stellte klar, dass ich nichts damit zu tun hatte. Fingerabdrücke und der ganze Mist wurden aber trotzdem gemacht. Die Bullentussi wurde dann auch ganz nett und fragte mich über meine Familie aus, sie hatte ja die Akten gesehen.

Da die Bullen meine Wohnung entweiht hatten, als sie alles auf den Kopf gestellt hatten, zog ich Ende August, zu meinem 24. Geburtstag, endlich nach Linden, in den Stadtteil, in den ich immer wollte und in dem ich heute noch wohne. Ich zog zu einer entfernten Bekannten und hatte endlich wen gefunden, Olli; der Part an Gedanken war nun weg, ich brauchte vorläufig nicht mehr zu suchen. Der Umzug brachte ein bisschen Licht in mein Leben. Mein Eremitendasein hinten am Arsch der Welt, wo niemand wohnte, den ich kannte, hatte sich erledigt.

1996

Ende Januar schrieb Mama mir den letzten längeren Brief; sie fragte, wann ich sie besuchen käme. Ich nahm es mir das ganze Jahr vor, aber verschob es immer wieder.

Ab März wohnte ich allein, in einem Neubau in der Ottenstraße, dort wäre ich auch fast vor Mama gestorben.

Es war mal wieder Sommersonnenwende. Ein Jahr vorher hatte mich der Blaue Mann, Jay, von der Band Crash Worship im Fahrradkorb nach Hause gefahren. Die ganze Band trat halb nackt und angemalt auf. Es war einer meiner schönsten Morgen, alles war so magisch, und ich war auch wieder auf Pilzen gewesen. Er machte mir ein selbst gemachtes Armband um, ich war happy. Später brachte ich ihn mit der Bahn in die Glocksee zurück, er hatte einen Pullover auf dem Kopf, und ich war fasziniert von diesem Menschen vom Strand aus San Francisco. Der Abschied riss auch ein Loch in mich, dachte, dass MEIN Mann in einem fernen Land lebt – und alles war voll blauer Farbe bei mir.

Eine Woche später fuhr ich nach Bremen, um sie nochmal zu sehen, das wurde eine durch und durch blutige Angelegenheit. Ich tanzte wie ein Derwisch, und als die ganze Band mit ihren zwei Trommeln und allem nach draußen auf den Hof wanderte, drehte ich mich um und lief direkt in eine große Flügelschraube rein. Der Trommler guckte total panisch und fragte, ob alles O.K. sei – es tat überhaupt nicht weh, und ich dachte, dass mir der Schweiß übers Gesicht läuft. Ich stratzte nach draußen, tanzte da weiter, wäre fast noch auf dem nassen Kabel ausgerutscht und in den Feuertopf gefallen. Von der Band ging einer mit Wein durchs Publikum und schüttete es wahllos in die Münder. Nach der Show kam Jay zu mir und fragte, was ich im Gesicht hätte. Ich ging im Spiegel gucken, und mein Gesicht war total blutig; es lief über meinen Augen raus!

Wenig später saß ich im Bandbus, und wir fuhren noch was trinken. Dort schnitt ich mir mit einem großen Messer aus Versehen in den Zeigefinger, es blutete total, und die Narbe sieht aus wie ein »J«. Alles in allem schlechte Vorzeichen.

Und ein Jahr später, als ich die Bude gewechselt hatte und fast zufrieden war mit allem, wäre ich echt fast zu den Ahnen abgeflogen. Gegen Abend kochte ich einen Pilzsud, zwei Freunde von mir waren da. Olli war auf Montage. Wir gossen es mit Brennnesseltee auf und waren kurz darauf angenehm breit. Ich machte voll den Entertainer, sorgte für das richtige Licht, die richtige Musik. Aber gegen eins meinten beide, ob wir nicht mal in die Glocksee gucken sollten. Ich erschrak bei dem Gedanken, außerdem hatte ich voll die Stiche unten am

Rücken, später wusste ich, das es die Nieren waren, sie fühlten sich schon einigermaßen vergiftet. Ich wollte lieber in meiner Wohnung bleiben und noch ein bisschen mit dem Pilz spielen, mehr Hallus haben, und nahm noch was von den kleinen schwarzen Teilen, die sind immer besonders heftig. Danach machte ich es mir auf dem Hochbett gemütlich und baute mir eine Bong.

Da merkte ich schon, dass etwas nicht stimmte. Mein Körpergefühl entwich. Ich sprang vom Bett und setzte mich auf meinen Schreibtisch, ließ die Beine baumeln, und alles entwich immer mehr. Plötzlich eine Stimme über mir: »Vitamin C!« Ich ging in die Küche und musste mir jede kleine Handlung neu ins Gedächtnis rufen: Zitrone nehmen, Messer aus der Schublade, schneiden, Buttermilch, Presse rausholen und so weiter. Mit meiner Tasse ging ich einen ganzen Schritt, dann kniete ich plötzlich im Türrahmen! Auf Knien robbte ich Richtung Telefon, dachte nur noch, dass ich wen anrufen muss. Hatte plötzlich Probleme, die Tasse hinzustellen, ich wusste nicht mehr, wie es geht, und legte sie hin – die Buttermilch floss auf den Teppich. Jays Stimme fragte in meinem Hirn: »Don't you know that the magic mushroom can take you away!?«, und ich kippte hirnschlagmäßig um.

Als ich wieder zu mir kam, lief immer noch »Yoo doo right« von Can. Ich wusste nicht, wo ich war. Endlich kriegte ich es wieder zusammen und krabbelte zum Telefon, das plötzlich neben der Küchentür stand. Eine riesige Welle von links wollte mich wegreißen, es rauschte in den Ohren, und ich bekam echten Seegang – endlich war ich beim Telefon und rief mir Utes Telefonnummer ins Hirn, ich war mir nicht sicher, ob es die richtige war. Ich konnte ihr nur zu verstehen geben, dass sie kommen und den Schlüssel benutzen soll, den sie noch von mir hatte. Dann legte ich auf und sank auf den Teppich – ich fühlte mich plötzlich sehr befreit, eine großartige Ruhe machte sich in mir breit, ich hatte meinen Auftrag erledigt, nun konnte ich mich wegreißen lassen von den Wellen im Raum. Dann hörte ich aber eine sehr klare Stimme: »Hey, ich bin noch gar nicht fertig, und Olli ist auch nicht da!« Und wie ein Klappmesser war ich plötzlich auf den Beinen und schob mich schwebend durch meinen Farb- und Lichttunnel ins Bad.

Auf dem Klo starrte ich auf die Fugen in den Kacheln, sie schlugen wie wild aus – wenn sie nur so leicht vor sich hin zucken, ist die Abfahrt ja noch ganz angenehm, aber so … Parallel wurde ein ziehendes Geräusch in meinen Ohren immer lauter – ich dachte nur noch: Wann endet dieses Geräusch, knallt es gleich in meinem Kopf? Es sauste ohne Ende, und plötzlich fiel mir ein anderes Geräusch auf, es war schon seit einiger Zeit da: Es kam direkt aus meinem Arsch – das war der längste Pups in meinem Leben! Nun musste ich kotzen, ich kämpfte kotzend um mein Bewusstsein und würgte kleine lila Pilzstückchen raus, sie verzerrten sich im Klo zu fiesen Fratzen, Insekten und Landschaften, ganze Filme spielten sich ab in meinem Klo!

Danach wusch ich mir die Hände; ein Typ mit harten Gesichtzügen sah mich aus dem Spiegel an! Bevor ich diesen Ort verlassen konnte, drehte ich mich einige Male um mich selbst, weil meine Ponysträhne mir suggerierte, dass jemand hinter mir stand, genau in dem Winkel, in dem ich ihn nicht sehen konnte. Irgendwann hatte ich es begriffen und waberte zurück in meinen Flimmerraum, der so unendlich bunt war, und setzte mich auf den dicken Knuff.

Ich war mir nicht mehr sicher, ob ich Ute angerufen hatte – und wieder war ein Pilzhirnstrudel im Anmarsch, und ich sprang auf und schwebte im Raum rum, nur um mich abzulenken, mich aus dem Strudel zu lotsen … Schwerer Schwindel drückte, dachte, wenn ich mich ihm hingebe, gehe ich wirklich über den Jordan. Am liebsten wäre ich auf den Balkon gegangen und hätte geschrien, nur um wieder irgendwas mitzukriegen von mir.

Endlich klingelte es, das riss mich aus kruden Gedanken – die Realität ließ die Wellen verstummen, sie konnten mir nun nichts mehr anhaben. Ich schwebte zur Tür und öffnete Ute – sie war sieben Jahre älter als ich und sah plötzlich aus wie ein knuffiges Baby! »Was ist denn los!?« Sehr unflüssig kam es aus mir heraus, aber sie verstand auch so. Allein durch ihre Anwesenheit ging es mir besser.

Als sie weg war, legte ich mich ins Bett und sah »Space Night« – danach gab es die Talkshow »Schlachthof«, dort wurde gerade über Extasy geredet. Plötzlich tauchte Lennart, mein früherer Drogenberater, in der Talkshow auf und erzählte was über Hexendrogen wie Pilze. Ich richtete mich auf und sagte zum Fernseher: »Oh Mann, Lennart, was bin ich froh, dich zu sehen!«

Ich schrieb: »11:50 h – Jetzt ist es so weit wieder gut mit Körper – die uralte Sehnsucht ist wieder voll da, auch der Hass auf meine toten Freunde, die sich wegspülen lassen haben. Will ich woanders sein? Will ich noch sein? Im Moment krieg ich's nicht hin, ein Gefühl steht die ganze Zeit im Vordergrund: die Angst vor Mamas Ende. Angst nicht vor ihrem Ende, weil sie es dann endlich hinter sich hat, sondern Angst vor dieser komischen, durch alle Schichten gehenden Traurigkeit über dieses verhunzte Leben, aus dem ich hervorkam. Will nicht so verdrogt enden. Ich danke dem Magic Mushroom für diesen Hinweis – ich danke für mein Leben und dass ich es noch zu Ende machen kann …«

Ohne geschlafen zu haben ging ich zum Markt gegenüber. Die Menschen waren mir völlig egal, sollten sie mir doch ansehen, dass ich dem Tod wieder mal von der Schippe gesprungen war; da sieht man schon mal etwas fertiger aus!

Nachmittags rief eine Freundin an und sagte, dass Bekannte ihren Hund ins Tierheim bringen wollten. Ich hatte irgendwann mal erwähnt, dass ich mir vielleicht einen zulegen wollte. Ich ging am 23. Juni, an Mamas letztem Geburtstag, hin, und die Hündin, ein schwarzer großer Mischling, kam direkt mit. Sie hieß noch Sally, nach drei Tagen taufte ich sie Luzi. Ich habe sie bis heute, und sie hat mich vor weiteren schlimmen Exzessen bewahrt.

Ich erzählte Mama von meiner Pilzabfahrt am Telefon, sie machte sich echte Sorgen. Ich wollte sie bald besuchen, wir machten den 10. August aus, vorher wollte ich nochmal mit Olli in den Harz fahren, mich etwas erholen, damit ich auch ausgeglichen war, wenn ich sie traf. Das war ich dann aber auch nicht, denn die ganze Zeit im Harz hatte ich das Gefühl, dass ich doch erst Mama hätte besuchen sollen. Ich zog mich zurück und war die Woche über extrem wortkarg. Den ganzen Klumpen Hasch, den wir mitgenommen hatten, rauchten wir gleich am ersten Abend auf, das hieß, dass wir fünf Tage nichts zu Kiffen hatten. Es war ein Experiment, ob wir es so lange aushalten;wundersamerweise ging es. Ich träumte von Herrmann, der ganz fit aussah, aber reifer in den Augen. Ich dachte, ich hätte schon wieder eine falsche Info bekommen, und er wäre gar nicht tot.

In der nächsten Nacht: »Sitze mit Mama vor einer Fensterwand, ein Balkon ist dahinter, ein runder Tisch steht vor uns. Zappel ist auch da, er ist schlecht drauf und will, dass der runde Tisch durch einen eckigen ersetzt wird. Mama und ich verstehen nicht, warum, und rühren uns nicht. Zappel wird wütender; leise geht er ins Nebenzimmer. Plötzlich ist er hinter uns auf dem Balkon, voll jähzornig, und will die Scheibe eindrücken. Wir springen erschrocken auf, und ich denke: ›Er kann doch die Scheibe nicht kaputtmachen, sie gehört uns doch gar nicht!‹ In Panik weiche ich zurück, rufe durch das Geschrei hindurch – Mama hat eindeutig Angst: ›Mama, du wohnst ab sofort bei mir!‹, und schmeiße den ganzen

Müll, der in drei Tüten im Zimmer steht, in Zappels Richtung. Dann wachte ich verschwitzt auf. Der Traum ging mir noch den ganzen Tag nach.«

Und schließlich träumte ich eine kurze Sequenz von Mario, der in einer langen vernebelten Reihe stand. Als ich vorbeiging, sagte er ganz süffisant: »Naa, Minna!« Ich antwortete nicht und ging weiter.

Am letzten Abend im Harz brach es aus mir raus, ich schrie plötzlich, dass ich will, dass dieses Drama endlich vorbei ist, dass Mama endlich stirbt! Dass ich meine Ruhe hab!

Mama breaks through to the other side …

Am 5. August waren wir abends wieder in Hannover, und am 6. hatte ich alles andere zu tun, als mich bei Mama zurückzumelden. Es war einer meiner schönsten Tage, ich fühlte mich beschwingt, lief mit Luzi durch den Park, freute mich, dass ich immer noch nicht gekifft hatte und auch kein Bedürfnis danach hatte. Ich hatte ein richtig gutes Gefühl in mir; das Einzige, was mir im Nachhinein komisch vorkam, war, dass ich, als ich am Pfarrlandplatz-Kindergarten vorbeiging, plötzlich meinen Namen rufen hörte, leise, aber doch ganz deutlich – als ob sich jemand im Gebüsch versteckt hat und ruft: »Huhu – hier bin ich!«

Abends gegen halb acht klingelte das Telefon – meine Tante Darla war dran. Sie fragte, ob Udo mich schon angerufen hätte.

Ich sagte, nein, wieso?

»Weil Gitti heute Nachmittag gestorben ist.«

»Ach so, na ja, O.K. – dann weiß ich ja Bescheid. Bis später, tschüss«, sagte ich und legte auf. Ich legte »Telegraph Road«

von Dire Straits auf, das hatte sie gut gefunden, und verbarg meinen Kopf zwischen den Knien.

Plötzlich klingelte es an der Tür; es war ein Bekannter, der sich mit Olli verabredet hatte. Nun saß ich da mit ihm, ich wollte ihm nicht als Erstem erzählen, was passiert war. Ich machte Frühstücksradio-Kassetten an, um ihn zu belustigen, und lachte auch selbst mit. Eine ganze Zeit später kam Olli endlich, und wir waren kurz darauf allein. Ich weinte ein bisschen, am liebsten wäre ich allein gewesen, aber dann doch wieder nicht.

Udo rief am nächsten Morgen an, er meinte, dass er mich gestern nicht erreicht hätte. Er gab mir die Nummer vom Krematorium; ich rief an, um zu erfahren, ob ich sie nochmal sehen konnte. Es hieß, dass sie sie gerade vor einer Stunde verbrannt und mir den Anblick auf jeden Fall verweigert hätten. Als ich wegen meiner Rechte als Familienangehörige nachfragte, meinten sie, dass sie das in manchen Fällen machen dürften.

Papa kam mit seiner Freundin vorbei. Sie verspäteten sich um zwei Stunden, weil sie in ihrer alkoholisierten Zerstreutheit den Weg mal wieder nicht gefunden hatten und irgendwo in Linden-Süd herumgeirrt waren. Ich fand es komisch, Papa in meiner Einrichtung sitzen zu sehen – als hätte man ihn nachträglich reingeschnitten. Wir sprachen kurz über Mama, und bevor wir eine größere Traurigkeit zuließen, zeigte ich ihm einige Dinge in meiner Wohnung und machte Frühstücksradio-Kassetten an, darüber lachten wir dann die nächsten zwei Stunden, er kriegte sich gar nicht mehr ein.

Udo erzählte mir von Mamas letzten Wochen. Sie musste zum Schluss neun verschiedene Medikamente nehmen, dreimal täglich, nebenbei pfiff sie sich aber noch was anderes rein. Er arbeitete, und immer, wenn er nach Hause kam, hing sie hackebreit auf dem Sofa. Die beiden verstanden sich nicht mehr so gut, und sie wollte, dass er auszieht.

Anderthalb Wochen vor ihrem Tod wurde sie von den Bullen nach Hause gebracht. Die Bullen fragten Udo, ob er sie kenne, und erzählten, dass sie gerufen wurden, weil sie mit dem Schlüssel die Tür zu ihrer alten Wohnung aufschließen wollte. Sie wohnte da schon ein halbes Jahr nicht mehr, und die neuen Mieter guckten auch nicht schlecht, als Mama bei ihnen auf der Matte stand und beteuerte, dass das ihre Wohnung sei. Die Bullen fuhren mit ihr durch Saarbrücken, weil Mama keinen Perso bei sich hatte und sich auch nicht mehr erinnerte, wo sie wohnt und wie sie heißt. Irgendwann war es ihr dann wohl doch wieder eingefallen.

Udo redete mit ihr, sagte, dass ich doch bald zu Besuch komme und dass wir dann einiges zusammen machen wollten, dass sie die Pillen doch mal aus dem Balg lassen solle! Das schien sie sich zu Herzen zu nehmen. Eine Woche lang. Am 5. August hing sie wieder breit auf dem Sofa. Am 6. war er schon mittags zu Hause, er sah nach ihr, musste aber noch mal weg. Als er um vier Uhr nachmittags wiederkam, lag sie vor dem Sofa und hatte sich eingekotet. Er rief den Notarzt, der nur noch den Tod feststellen konnte; aus dem Hals holte er ihr noch eine Pille. Und das wundert mich etwas, denn wenn Mama eins konnte, dann Pillen schlucken!

So richtig geheult hab ich fast zwei Wochen später, ich lag den ganzen Tag im Bett und heulte und schrie in mein Kissen rein, es hatte mich völlig gepackt. Danach war ich etwas gefasster – bis zur Beerdigung am 21. August. Einen Tag vorher fuhr ich mit Olli nach Saarbrücken. Bei ihr zu sein, ohne dass sie da war, aber ihre ganzen Sachen und auch ihr Geruch – das war alles so deprimierend! Ihre Wohnung lag direkt über einem Head Shop. Das Sofa und der Teppich hatten viele Zigarettenbrandlöcher, ihr Bett und der Teppich im Schlafzimmer auch. Man konnte genau sehen, wo sie meistens breit abgehangen hatte. Dass sie nicht einfach abgefackelt war, war wohl nur Udo zu verdanken.

Am nächsten Morgen fuhren wir zum Friedhof, sie wurde an der französischen Grenze beigesetzt. In der Kirche bekam ich echte Einschläge, ich musste mich an der Bank festkrallen, weil es mich so schütteln wollte. Die Rede war echt gut, aber ich musste die ganze Zeit auf die Urne starren, weil ich mir nicht vorstellen konnte, dass da wirklich meine ganze Mama drin war – sie hatten doch bestimmt irgendwas verschüttet. Am liebsten wäre ich aufgesprungen, hätte sie mir gekrallt und mit nach Hause genommen.

Es waren um die zwanzig Leute da, von der Bäckersfrau über einige Kaputte bis zum Gastwirt, den ich von meinem letzten Besuch kannte. Auch meine Schwester Yvonne sah ich da zum ersten Mal wieder, sie war inzwischen zehn geworden. Sie konnte sich aber später nicht mehr an mich erinnern, obwohl ich mich extra komisch angezogen hatte: Ich trug eine Fransenhose, die bis zu den Knien ging, darunter eine blutrote Strumpfhose mit Rubens-Engeln drauf und drüber ein schwarzes kurzes Samtkleid mit durchsichtigen Ärmeln. Dazu klobige schwarze Schuhe. Ich wollte den Trauergästen in Erinnerung bleiben.

Bei der Grabrede brach es plötzlich aus mir raus, ich fing an zu schluchzen und dann zu weinen, ich konnte es nicht mehr unterdrücken; dies war also ihr Ende! Mit tränenblinden Augen starrte ich auf das Loch vor mir, alles war still geworden. Ich wusste nicht, dass ich als Erste zum Grab gehen sollte; Olli stupste mich an. Mit einem Schluchzer stolperte ich hin und warf zwei Rosen und eine Sonnenblume rein, danach ging Udo hin und dann alle – ich heulte weiter. Als sich die Versammlung aufgelöst und mir alle die Hand gegeben und ihr Beileid ausgesprochen hatten, ging ich nochmal zum Grab, kniete mich davor und warf 42 Grassamen rein, für jedes ihrer Lebensjahre einen. Es war leider zu tief, sonst wären da bestimmt ein paar nette Pflänzchen gewachsen. Ich verabschiedete mich von ihrem Loch, von ihr, und wir hauten ab.

In ihrer Küche hatte ich einen Abholschein fürs Fotolabor gefunden, den lösten wir nach der Beerdigung ein. Es waren Mamas letzte Bilder aus Spanien, wo sie ein Jahr zuvor gewesen war. Sie war sehr dünn und sah aus wie eine alte Frau mit ihren 41 Jahren. Udo meinte, dass sie zum Schluss noch dünner war. Das konnte ich mir fast nicht mehr vorstellen, ich war froh, dass ich sie nicht so in Erinnerung behalten hatte.

Bei ihr zu Hause packte ich alles Mögliche ein; mit zwei großen, voll gestopften Reisetaschen fuhren wir wieder nach Hannover. In einer Filtertüte transportierte ich ein kleines Gefäß mit Deckel, drin lagen ein Kirschkern und eine gerauchte Kippe von ihr, die habe ich heute noch.

Ich war bis heute nicht mehr da, ich hatte nie das Geld, um hinzufahren. Wie der Friedhof heißt, weiß ich auch nicht mehr; ich glaube auch, dass ihr Grab nicht mehr existiert. Zu Udo hab ich direkt nach der Beerdigung den Kontakt verloren. Ich bin zwar kein großer Friedhofsgänger, aber für Mama hätte ich es gemacht, scheiße, dass sie dahinten gestorben ist.

Das Jahr verging, ich ordnete ihre ganzen Akten, hörte im Oktober nach einer Mandelentzündung für fast sechs Jahre mit dem Kippenrauchen auf. Nach Mamas Tod ging es fast unmerklich aufwärts. Seitdem die Angst um sie weg war, kam ich immer mehr zu mir selbst.

Das Sozi drängte mich zu arbeiten; ich bewarb mich bei Radio Flora und fing im Dezember 1997 im Büro an, machte den Empfangsdienst und war Mädchen für alles. Nach einem Jahr war die Stelle vorbei; ich bin ehrenamtlich dabeigeblieben und machte drei eigene Sendungen. Seitdem läuft mein Leben in besseren Bahnen, denn ich hatte endlich das richtige Umfeld gefunden. Ich zog wieder um, löste mich langsam von meinem Schmerz und fing im April 1999 an, »Affenliebe« zu schreiben. Nach vier kaputten Computern und ihren unzähligen Abstürzen war es im Februar 2001 endlich vollbracht.

Glossar

Bong: Wasserpfeife zum Haschischrauchen
Brösel: Haschklumpen
Drobser: Drogenberater
Einen Affen haben: auf Entzug sein
Exuser: nicht mehr praktizierender Junkie
Head Shop: Laden für alles rund um Haschisch und Marihuana
Kawumm: Haschischpfeife mit drei Öffnungen, von denen eine beim Ziehen zugehalten und dann plötzlich geöffnet wird
Koks: Kokain
Micros: LSD-Trip23s in Krümelform
Papers: LSD-getränktes Papier zum Abreißen
Shore: gesprochen »Schore«, war bei uns die Bezeichnung für Heroin
Tüte: Joint-Zigaretten

Silvana Klein
Affenliebe

Die Geschichte eines langen Entzugs
KiWi 689
Originalausgabe

»Das erste Mal kam ich mit LSD in Berührung als ich im Fruchtwasser meiner lieben Mama schwamm. Da war sie im vierten Monat. Erfahren habe ich es aber erst 15 Jahre später, als ich mit ihr den ersten – oder, wenn man so will, zweiten – Trip nahm. Und um noch mal vorzugreifen: Am 11. September 1989 setzte ich mir auf dem Raschplatzklo, wieder mit Mama, den letzten Druck. Seitdem bin ich absolut pillen- und pulverclean.«
Ein unsentimentales und anrührendes Buch, das authentisch aus einer verdrängten Welt berichtet.

Paperbacks bei Kiepenheuer & Witsch KiWi PAPERBACK www.kiwi-koeln.de